Advertencias del Pasado

Lenin Mussolini Hitler

Intoduccion

Jesús Silva-Herzog Máequez

Jorge Pinto Books Inc.

JORGE
PINTO
BOOKS

Advertencias del Pasado: Lenin Mussolini Hitler

Traduccion de los textos Marta Merajver Kurlat

ISBN: 978-1-7364215-7-4

Advertencias del Pasado

Presentacion

Los textos que a continuación se presentan fueron publicados entre 1923 y 1934 por la prestigiosa revista política Foreign Affairs. Los análisis de esa época muestran una década en la que Europa se vio envuelta en crisis políticas y económicas que provocaron la llegada del fascismo en Italia y nazismo en Alemania y posteriormente una cruenta guerra en la que mueren millones de personas.

Las traducciones de los textos que a continuación se presentan fueron publicados nuevamente en 1912 por la misma revista como parte de una antología bajo el titulo The clash of ideas: the ideological battles that made the modern world and will shape the future. La idea de esa antología es recrear, la historia de las batallas ideológicas del siglo XX y el surgimiento del orden moderno. En el primer párrafo de la introducción, el editor de la revista señala: Estamos viviendo, por lo que se nos dice, a través de una crisis ideológica. Estados Unidos está atrapado en un punto muerto político y una disfunción, Europa está arruinada y en quiebra, la China autoritaria está en ascenso (traducción libre).

El contenido de los artículos que a continuación se publican, están íntimamente relacionados con mi formación académica. Tuve la fortuna de hacer mis estudios de posgrado en París y particularmente asistir al seminario "El Fascismo a través del cine" impartido por el famoso historiador Mark Ferro. Usando películas, principalmente alemanas de 1920 a 1933, Ferro destaco los temas y las imagines que no siempre sutilmente promovían el debilitamiento de las instituciones democráticas, promoviendo el miedo, los prejuicios, el racismo, la xenofobia, a la vez que ensalzaban la cultura autoritaria y militar como las únicas fuerza capaces de proteger a los ciudadanos de los riegos de supuestos enemigos.

No hay duda que la historia no se repite, pero en los últimos años el mundo ha vivido nuevamente situaciones que si bien no son comparables a las que vivió Europa en el periodo que cubren los artículos seleccionados. Sin embargo, hemos sido testigos del avance principalmente en Europa de partidos de extrema derecha y en Estados Unidos, lo que parece un muy bien planeado movimiento que se torna violento en el Congreso para evitar la transferencia pacifica del gobierno.

En los últimos cinco años se han publicado decenas de libros en los que se advierten los riesgos del resurgimiento de movimiento extremos. Como ejemplos, hace cuatro años, la secretaria de Estado norteamericana Madelen Albright publica Fascism: A Warning en la que explícitamente señala: El fascismo no solo ha perdurado durante el transcurso del siglo XX, sino que ahora presenta una amenaza más virulenta para la paz y la justicia internacionales que en cualquier otro momento desde el final de la Segunda Guerra Mundial./1 También en 2018 se publica How Democracies Die/2 de los prestigiados académicos de la Universidad de Harvard Steven Levisky y Daniel Ziblatt quienes se preguntan si la llegada de Donald Trump a la Presidencia de EUA representa un riego para la democracia.

En América Latina, también han prosperado movimientos populistas, particularmente encabezados por Bolsonaro en Brasil y López Obrador en México.

Enriquece la antología el estudio de Jesús Silva Herzog Márquez, quien desde la perspectiva del politólogo y ensayista moderno destaca la importancia que en la época que estamos viviendo tienen los textos que forman parte de este volumen.

Finalmente, entre las opciones de imágenes para la portada se optó por la que muestra Berlín devastado después de la guerra el mismo espacio que años antes ocuparon miles de soldados y personas glorificando a Hitler.

Notas:

1. Madelen Albright. *Fascism: A Warning.* Harper, abril 2018

2. Steven Levisky y Daniel Ziblatt. *How Democracies Die.* Crown, 2018

Introducción

Advertencias del pasado

Jesús Silva-Herzog Márquez

Vivimos un tiempo de desmemoria. El olvido no es distracción, es programa. No es que se haya ido perdiendo el recuerdo, es que hemos aprendido a olvidar. Lo vio muy claramente el gran historiador Tony Judt en sus ensayos testamentarios. Nos desprendemos de la experiencia, como si fuera un estorbo. Con enorme arrogancia y poca reflexión el siglo XXI se apresuró a desconocer el pasado inmediato, como si este fuera irrelevante. El presente se anunciaba fresco y sin cargas. Se cantaba el final de la historia, se anunciaba la victoria irreversible de la democracia, el imperio del mercado. Se daban por muertos los nacionalismos ante el avance imbatible de la globalización. En nuestros entusiasmos maniqueos, decía el gran historiador de la posguerra, nos hemos desprendido de las lecciones económicas, institucionales e intelectuales del siglo XX. Nos hemos desentendido de sus lecciones cívicas y éticas
.

El libro que el lector tiene en las manos alimenta la memoria cívica. No se trata de textos de reposada reconstrucción histórica o meditaciones de conceptualización filosófica. Son piezas de urgencia, campanadas de alarma. Textos que, desde distintas perspectivas, responden a la emergencia de la autocracia en Europa. Publicados originalmente en la revista Foreign Affairs entre septiembre de 1923 y abril del 34, son vaticinios de la desgracia que se apoderaría de Europa y, en buena medida, del mundo. El abanico de enfoques es amplio: un economista progresista hace el paralelo entre el dirigente bolchevique y el dictador fascista; un político liberal advierte la radicalización de las pasiones que desbordan todos los retenes de la ley y la prudencia; un revolucionario denuncia la aberración de un nacionalismo reaccionario; un diplomático advierte el embeleso de la destrucción; un periodista relata los hechizos del autócrata que comprende y. manipula las emociones del momento. Harold Laski, Hamilton Fish Armstrong, Erich Koch-Weser, León Trotsky, Paul Scheffe.

Todos ellos responden, a su modo, al asunto sobre el que se pronunciaba Harold Laski en uno de las primeras ediciones de la revista. A la democracia le urge mostrar su beneficio. Si no es capaz de extender derechos efectivos, de garantizar libertades a todos por igual, si no garantiza un piso de tranquilidad, si no difunde prosperidad, será víctima, tarde o temprano de sí misma. El intelectual laborista sabía bien que la crisis de la democracia incubaba dentro. Si la gente no encuentra abrigo en las instituciones del pluralismo, irá en busca de su remplazo. Esa es la primera coincidencia de estos textos: en el totalitarismo de ayer (como en el populismo de hoy) hay una denuncia a la que no puede hacerse oídos sordos. ¿Será que la democracia liberal es capaz de procesar intereses en conflicto, pero es torpe para absorber pasiones enebullición?

Ninguno de los autores peca de ingenuidad. Ideológicamente diversos, los ensayos que aquí se recuperan comparten una preocupación por la suerte de la civilización democrática. El tono de todos es oscuro. El pesimismo, como se advierte en ese apunte de Laski, puede ser un deber cívico. Ser optimista hoy es engañarse. Por eso suenan las alarmas con la estridencia debida. Su timbre sigue sonando.

Los textos escudriñan las fuentes de la seducción autoritaria y hacen denuncia de sus consecuencias. Las preocupaciones de los autores son diversas. La ruptura del orden constitucional, el fin del pluralismo, el abandono de la razón y del diálogo, la persecución de las disidencias, la provocación del odio, la reversión histórica, la destrucción de la convivencia. Mucho antes que el texto clásico de Hannah Arendt vislumbran en conjunto el parentesco de los totalitarismos. El proyecto comunista tendrá muy poco en común con el nacionalsocialismo o con el fascismo italiano. En el trazo de sus ambiciones son polos opuestos. ¿Qué puede haber más distinto a la sociedad sin clases que el exterminio de las razas impuras? Sin embargo, como bien puede detectarse en las páginas que siguen, hay entre ellos una afinidad profunda. Apuestas por la redención a través de la violencia. Agresivo desprecio por las reglas, por el debate. Hostilidad al pluralismo, odio a la tolerancia, como cobardía de los débiles. Soberbia histórica. Las tres políticas expresan tal fe en su causa que justifican cualquier atropello como necesidad de justicia. La raza, la clase, el pueblo resultan coartadas irrebatibles.

Las piezas de este mosaico toman nota de los reflejos comunes del autoritarismo en su expresión más devastadora. El autócrata de entreguerras que, ante la crisis, se presenta como encarnación de la Historia o del Pueblo ofrece desagravio, ennoblece la ira, promete el paraíso. Pueden leerse aquí, trazos para comprender la persuasión autoritaria de entonces y, también la de ahora ahora. Contra la rutina mecánica de las leyes, el carisma de un personaje irrresistible. Frente a la humillación, el desquite. Tras la vacilación liberal, la enérgica determinación del poder absoluto. ¿Qué hay en la oratoria del demagogo? Un verbo que libera de los apuros de la necesidad, dice Paul Scheffer. Un ideal que libera del lodazal de la existencia. La invitación a ocupar un lugar protagónico en el drama de la Historia. El discurso del caudillo es una droga, un antidepresivo.

Su mensaje es tan simple como intenso. Reduce la complejidad a dicotomías elementales, exige una lealtad absoluta. Se trata, sobre todo, de una credo innegociable. La fibra religiosa del radicalismo es subrayada por varios de los autores de esta colección. La doctrina totalitaria no puede desarmarse en trozos de un programa porque se trata de una apasionada carta de enemistad. Hay que suscribirla íntegramente: abandonar el juicio. Por eso se toma, no como un mapa de propósitos, sino como una señal de pertenencia. La maravilla de la meta encubre la violencia sobre el cuerpo y la mente. La exaltación del propósito justifica cualquier método

.

El ascenso de Lenin, de Mussolini, de Hitler que se documenta en estas páginas no es mero asunto de política, si es que constreñimos esa noción a lo gubernativo. La sacudida que representan no queda confinada en el terreno de las elecciones y los parlamentos, de la prensa y los ministerios. Lo que está en juego cuando se desmonta la estructura democrática es el tejido mismo de la civilización. Lo advierten de una u otra forma los autores de estos textos al ver con pavor que el recurso de la fuerza se impone como instrumento aceptable. Cuando la ilegalidad se pavonea, cuando el más fuerte se impone sin recato, cuando desaparece el abrigo del derecho, todo es vulnerable: la escuela, la empresa, el arte, la ciencia, la vida misma. Lo que se pierde con este despotismo glorificado es la posibilidad de la convivencia. La destrucción de las instituciones liberales es, en efecto, un suicidio. Desprendernos de la prensa libre, de competencia electoral, de las garantías legales, del gobierno representativo y limitado es entregarnos al capricho de un tirano.

Por supuesto, si la historia advierte no es porque anuncie su repetición. Cuando Nicolás Maquiavelo cambiaba de ropa por las tardes para conversar con los muertos mientras escribía su obra clásica no pensaba que el presente fuera calca del pasado. El pasado no nos atrapa, enseña. Lo que encontraba el florentino en sus libros de historia eran los resortes permanentes de la acción, las cuerdas eternas de la ambición, el influjo del azar, la mortalidad de toda forma política. En la historia, Maquiavelo escuchaba un rumor que alertaba su audacia y su prudencia. Ese es el gran aporte de estos ensayos de aguda intuición. En el siglo XXI no se asoma, desde luego, el horror del holocausto ni la dictadura del proletariado. No se repetirán las Marchas sobre Roma, los incendios del parlamento, o los asaltos al Palacio de Invierno. Lo que vemos no es la ruptura del orden democrático sino su desfiguración, la corrosión de sus fundamentos esenciales.

El politólogo inglés David Runciman ha hecho, en este sentido una amonestación pertinente. En su libro sobre el fin de las democracias sostiene que el nacimiento totalitarismo a principios del siglo XX es un fenómeno irrepetible. Si lo recordamos en espera de su segunda puesta en escena, nos engañaremos. Temeremos fantasmas y dejaremos de ver los peligros que enfrentamos hoy. Esos anteojos nos hacen temer una amenaza inexistente y perder de vista el desafío real. No tenemos que prepararnos para el golpe que cierra el parlamento para instaurar la dictadura militar. No acecha la política del exterminio. Es inviable la movilización permanente. La amenaza es otra. En algún sentido es más sutil y menos bárbara, pero desde otro ángulo es más astuta y probablemente más estable. Consiste en la preservación de la cáscara democrática, en la continuidad de las elecciones que pierden sentido como competencia y como rendición de cuentas, en la subsistencia de una libertad económica sin alternativa política. Por eso no necesitamos estar en espera del desfile de los tanques para darnos cuenta de lo que significa el abandono de la razón crítica y el atizamiento de las pasiones. Renunciar a la verdad y a la ley es abrirle paso al despotismo, así resulte popular. Ceder al maniqueísmo que polariza es renunciar a la posibilidad del encuentro civilizado. Estas advertencias de la historia son, sin duda, pertinentes en un contexto sustancialmente distinto. El lector de estas viejas y frescas crónicas percibirá en la política de hoy, el eco de la intolerancia, de la sinrazón, de la megalomanía en la peor hora del siglo XX.

I. Lenin y Mussolini

Por Harold J. Laski
Septiembre de 1923

I

El progreso de la ciencia durante el siglo pasado ha reducido el mundo a la unidad de la interdependencia. Una guerra civil en América causa una hambruna en las ciudades algodoneras de Lancashire. Un perjuicio a la estructura crediticia de Alemania puede provocar una corrida en la Bolsa de París. El ritmo con el que se suceden los cambios no es menos interesante que esta compleja red en la que todo se entreteje. De la noche a la mañana, por así decirlo, el Japón feudal se convierte en un estado moderno. Todavía viven quienes veían en el ferrocarril una innovación increíble; sus hijos, sin duda, contemplarán el tráfico aéreo borrando las distancias entre Londres y Nueva York.

Por supuesto, pagamos el precio del desarrollo científico. La complejidad consiguiente implica una fragilidad necesaria en la maquinaria. Como nunca antes, el funcionamiento de nuestras instituciones sociales depende de que se mantenga la paz. Los mecanismos de la civilización son tan delicados que responden, como la aguja de una brújula, a cualquier ráfaga de viento, y si se detiene –sosteniendo la metáfora– somos como marineros en un mar inexplorado. No nos es posible mantener el vasto sistema de relaciones que hemos construido a menos que estemos dispuestos a transitar con coherencia el camino de la razón. Necesitamos un mínimo de unidad social que, al menos, logre persuadir a la humanidad de que el sendero del cambio social es una cuestión que requiere deliberación y argumentación, no violencia y conflicto físico.

Sin embargo, nuestra interdependencia no ha conseguido una perspectiva unificada. El odio racial, las sospechas nacionalistas, la guerra de clases, permanecen vivas para recalcarnos que el optimismo constituye un error. De hecho, la confianza se torna más peligrosa porque las armas que la ciencia ha puesto al servicio de la destrucción son tan poderosas que su uso es incompatible con la vida civilizada. En la década pasada aprendimos que los impulsos salvajes desatados por la guerra destruyen por completo los cimientos de una existencia decorosa. Si los hombres dejan de confiar en la buena voluntad de las instituciones; es decir, si sacrifican sus convicciones a la consecución de sus deseos, la civilización quedaría fácilmente reducida a la condición en la cual, según la construcción imaginaria del Sr. Wells, algún anciano sobreviviente relataría un mundo organizado y coherente como una leyenda que sus nietos no pueden abrigar la esperanza de comprender. La lección lisa y llana que nos enseña el conocimiento científico es la construcción del cambio social en términos de paz. Debemos hacer uso de nuestras instituciones. Destruirlas equivale a destruirnos a nosotros mismos.

Tal parece ser, al menos, la clara lección de la experiencia reciente. Implica, por supuesto, la percepción generalizada de que los grandes acontecimientos sugieren la importancia de la reforma social ininterrumpida. El poder político se le ha confiado a las masas, y los gobiernos de los estados modernos deben descubrir los medios de traducir la voluntad de un electorado que apenas si ha conocido las comodidades que la vida ofrece siguiendo los caminos de la ley. Es posible que en tanto los procesos legislativos ofrezcan pruebas a la democracia de que la buena voluntad se traduce en beneficios tangibles, un nuevo orden social se logrará en paz. Pero la buena voluntad debe demostrarse, y los beneficios deben alcanzar a quienes sienten que ahora desempeñan un papel demasiado insignificante en el orden reinante como para que su preservación signifique una cuestión de urgencia para sus vidas.

Una actitud tal es tanto más importante porque, no hace mucho, la paz social fue atacada desde lo que, a primera vista, puede parecer dos direcciones opuestas. En Rusia, una revolución hecha en nombre de los trabajadores entronizó en el poder a hombres que se jactan de detentarlo sin tomar en consideración la voluntad de sus gobernados. En Italia, paralelamente al gobierno constitucional, se desarrolló una organización paralegal ante la cual el gobierno se vio obligado a ceder cuando se enfrentó al primer desafío concreto. En Rusia, los bolcheviques ganaron y se mantienen en el poder solo a costa de un enorme derramamiento de sangre, que sin duda es consecuencia, en gran parte, de la intervención extranjera. En Italia, los fascistas encontraron relativamente escasa oposición interna, y ningún desafío externo. Ambos movimientos tienen en común que se basan en las fuerzas sobre las que tienen autoridad. Otro elemento compartido es que han eliminado rigurosamente a toda la oposición y descartado, restándoles importancia, las formas del constitucionalismo. Cada uno de ellos ha exaltado sus metas, llevándolas a un plano superior al de todos los problemas acarreados por los medios que eligieron utilizar. Cada uno ha declarado que su propio deseo se identifica tan claramente con el bien de la comunidad como para invalidar, a priori, la noción de un análisis crítico. En otras palabras, ambos han abandonado el sendero de la razón y declarado, en esencia, que un gran fin trasciende las dudas surgidas a causa de los métodos elegidos. Merece la pena examinar en detalle los principios y posibilidades que subyacen esta actitud.

II

Sin lugar a dudas, la lógica de los acontecimientos llevaba a una revolución en Rusia. Ningún gobierno despiadado en principio y corrupto en sus prácticas puede esperar, especialmente en una situación de derrota militar, mantener la lealtad de quienes no participan de los beneficios de su deshonestidad. Pero la revolución rusa difiere de sus predecesoras en que llegó en nombre de un sistema doctrinario coherente, y en que fue llevada a cabo por hombres que creían que dicho sistema contenía la quintaesencia de la verdad social. El contraste entre lo que ocurrió en Francia en 1789 y la Revolución Bolchevique de noviembre de 1917 no puede dejar incólume a nadie. Durante ninguna etapa del drama de Versailles se validó un corpus de principios coherentes. La de 1789 fue una revolución favorecida por la oportunidad; la de 1917 estuvo fundamentada en una teoría. Lenin y sus discípulos llegaron a la batalla en nombre de una filosofía social cuyos puntos se habían construido con base en la interpretación de la historia. La casualidad podría haber frustrado su iniciativa; Kerensky podría haber sido el hombre fuerte; los Aliados podrían haber contado con una política mejor definida; la nación podría no haber soldado su unidad si se hubiera producido una invasión extranjera. Pero en tanto la oportunidad se dio, Lenin fue el primero en intentar trasladar el credo marxista a las instituciones de un estado. Su accionar desafió a la civilización occidental en todos sus aspectos. No se trataba meramente de un rechazo a la reforma social, ni de insistir en la superioridad abrumadora del comunismo, sino fundamentalmente de argumentar que el comunismo es tan obviamente deseable que no importa a qué costo se establezca, y los medios para tal fin provinieron del sistema que Lenin heredó de Marx.

En todo caso, las tesis sobre las cuales avanzó Lenin poseen el mérito de una comparativa simplicidad. Él sostiene que las instituciones políticas de la sociedad son una simple fachada que oculta la verdadera naturaleza de la organización del estado. En realidad, el estado es un método para proteger a los propietarios de bienes; y la verdadera división entre los hombres radica en quienes poseen y aquellos cuyos único bien es su capacidad de trabajo. La vida del estado es una lucha constante entre ambos. No tienen intereses en común. La clase poseedora de bienes moldea la civilización de la sociedad al servicio de sus propios intereses. Controla el gobierno, dicta las leyes, construye las instituciones de la mancomunidad de acuerdo con sus propios deseos. Divide la sociedad entre hombres libres y esclavos, y con el advenimiento del capitalismo culmina la última etapa de esta antítesis histórica. Del mismo modo en que el orden social del pasado dio vida en su seno al germen de su sucesor –por ejemplo, el feudalismo generó el capitalismo– éste contiene en sí mismo el germen de su sucesor comunista. Como dijera Marx, el capitalismo cava su propia fosa. El conflicto entre propietarios y proletariado es inevitable, y forzosamente debe resultar en el triunfo del proletariado. Es proceso está predeterminado, y nada en los escritos de Lenin sugiere que jamás haya dudado del éxito final.

El método que recomienda, por supuesto, es el de Marx. Los trabajadores han de tomar las riendas del poder mediante un acto revolucionario, y una dictadura de hierro ha de consolidar el nuevo sistema hasta que el período de transición haya transcurrido con resultados efectivos. Lenin siempre vio con claridad lo que ello implica. La historia del capitalismo se le antoja una historia de defensa incesante de cada fase de los derechos de propiedad, que en todo momento se mantuvieron mediante métodos reñidos con la moral. Si el conflicto llegaba al límite, como ocurrió en junio de 1848 o en el caso de la Comuna de París, el capitalismo, en pos de asegurar su supervivencia, exprimió a sus opositores hasta la última gota de padecimiento. Un período de relativa calma puede producir la concesión de una reforma social, pero no es más que un engaño. Cuando las demandas de los trabajadores tocan alguna cuestión verdaderamente esencial, se les responde con la resistencia armada, lo cual significa que sólo una intervención consciente y violenta puede poner el comunismo en práctica. El proletariado debe aprovechar el momento propicio para la revolución, y hasta entonces hacer todo lo posible para alterar el régimen existente, puesto que los comunistas tienen sólo dos funciones: prepararse para la revolución y consolidarla con éxito una vez organizada.

Lenin siempre pensó que el período de consolidación consistía en una dictadura férrea. No tenía ilusiones de que, llegada la situación, existiera la posibilidad de una forma democrática de gobierno. Los ideales de libertad e igualdad son mitos burgueses, inadmisibles hasta no haber asegurado el terreno conquistado. La revolución provoca la contrarrevolución, y un proletariado victorioso debe mantenerse en guardia contra la reacción en su contra. De hecho, la revolución exige que la clase revolucionaria asegure su propósito por cualquier medio disponible. Carece de tiempo y oportunidad para la compasión o el remordimiento. Debe desarmar el antagonismo con la ejecución, prisión, trabajos forzados, control de la prensa… Porque como no puede permitir ningún intento de que lo que ha fundado sea derribado mediante la violencia, debe erradicar toda crítica que pudiera dar pie a un ataque. La revolución es guerra, y la guerra se funda sobre el terror. En efecto, el comunismo debe utilizar los métodos del capitalismo para destruirlo. Y ello porque, en tanto el capitalismo ha convertido a la vida misma en el artículo de consumo más barato, no es necesario afligirse si se la sacrifica, y al final, el resultado justifica el costo, ya que hace imposible una reventa. Citando los dichos de Marx sobre la Comuna de París, respetar las formas tradicionales del liberalismo constituiría una traición displicente a la confianza. La meta en juego es demasiado grande para fijarse en la "amabilidad" de los medios empleados.

Lenin sostiene que el comunismo tampoco puede detenerse en sus propias fronteras. La mejor defensa es el ataque; hay que tomar la ofensiva contra otros estados para impedir que estos se vuelvan núcleos agresores. La Internacional de Moscú fue una expresión efectiva de esta postura. Se alió con todos los centros del proletariado descontento. En todas partes buscó crear organizaciones revolucionarias obreras, hostiles a los instrumentos constitucionales de los estados burgueses. Se invitó a los comunistas del mundo entero a armar al proletariado consciente de su clase. Se los alentó a hacer todo lo posible para reducir las fuerzas armadas del estado, que son el principal instrumento de defensa de la burguesía. Se los instó a formar sus propias fuerzas armadas independientes, si bien secretas, y a adquirir armas sin importar cómo. Se les pidió que desacreditaran a los demócratas influyentes a cuyo discurso la clase trabajadora parecía responder. Lenin ha insistido en que la lucha violenta es inevitable en todas partes. En Inglaterra, por ejemplo, los trabajadores pueden obtener una mayoría parlamentaria en las urnas, pero, de todos modos, el poder político es una sombra, y si se lo usara para atacar la propiedad privada provocaría sin duda alguna la resistencia armada. Por cierto, Lenin fue más lejos, despreciando abiertamente la democracia. En su opinión, es una institución burguesa cuyo único propósito es engañar al pueblo. El proletariado siempre será engañado, y no se puede confiar en nada salvo en la minoría con conciencia de clase que acepte las ideas leninistas. A sus ojos, no hay lugar en la historia para el principio de mayoría. Los estados consisten en un enfrentamiento entre determinadas minorías que luchan por el poder. Incluir consideraciones de consentimiento, atender a la creencia de que la verdad obvia de la doctrina comunista acabará por persuadirlos a aceptarla, equivale a ignorar por completo la realidad.

Es improbable que una generación como la nuestra, que ha visto la implementación de estos dogmas mediante métodos militares, subestime su importancia. Tampoco han perdido significación porque Lenin se haya apartado de la plena sustancia de su postura original. Puede haberse llegado a una solución intermedia con los campesinos; las dificultades internas pueden haber suspendido la propaganda internacional; la presión ejercida por las circunstancias puede haber dado cabida a una pequeña cantidad de comercio privado, pero lo que está en disputa no es la meta de la Revolución Rusa. Emancipar a un pueblo de la servidumbre económica es sin duda un noble propósito, y en un sentido fundamental, la atmósfera de ese propósito marca un hito en la historia de la humanidad. Está claro que a Lenin lo guía una gran sinceridad. Ninguna tarea ha sido demasiado difícil o peligrosa para él y sus discípulos. No han retrocedido ante faena alguna, sin importar las dificultades, y las han llevado adelante sin perseguir fines personales.

Lo que se juega es otra cosa. El capitalismo puede ser todo lo que Lenin cree, y, por cierto, visto desde la imparcialidad, condenarlo es un acto formidable. La pregunta es si existe una mínima probabilidad de que el derrocamiento de las instituciones por medios violentos sirva al propósito deseado. Implica, y así ocurrió en Rusia, la supresión de la tolerancia y la bondad. Ha sembrado odio y crueldad, ira y desconfianza, en el suelo de las relaciones humanas. Ha perjudicado, en todos sus aspectos, la herencia intelectual del pueblo ruso. Se ha mostrado impaciente ante la razón y fanáticamente hostil a la inquisición crítica. Su método, en suma, ha sido el mismo que utilizaron todas las religiones militantes del pasado para propagar su credo. La religión puede haber sido legítima, pero las religiones que pretendieron imponer su verdad por la espada siempre estuvieron en conflicto con lo más precioso de la naturaleza humana.

III

El movimiento italiano tiene un origen diferente, pero en última instancia su espíritu no es distinto. El leninismo fue la dictadura de un partido; el fascismo es la dictadura de un hombre. Su ascenso se debe, en parte, al esfuerzo por escapar de la decepción que se apoderó de Italia luego del Tratado de Versailles, y en parte a la tentativa apresurada por parte de los socialistas de izquierda no sólo de aliarse con el Tercer [sic] sino de asumir el control de la industria en algunas grandes ciudades. La violencia se convirtió en un hábito en la Italia de posguerra. El gesto desafiante de D'Annunzio ante los aliados en el Fiume despertó por doquier un vívido entusiasmo, y la expulsión final de sus tropas por parte del gobierno significó un fuerte golpe al nuevo orgullo de la victoria irredentista. Apenas menor resultó la abulia del gobierno frente a los avances del socialismo. Su negativa a expulsar a los trabajadores de las fábricas que habían ocupado no fue entendida como una actitud prudente para evitar un innecesario derramamiento de sangre, que su rendición era inevitable, sino como un fracaso en aceptar el desafío planteado por el bolchevismo. Los políticos más antiguos fueron víctimas del descrédito. Giolitti se había opuesto a que Italia entrara en guerra; Orlando se había rendido ante el prestigio del Presidente Wilson; y el cambio de postura de Nitti hacia la perspectiva de un "buen europeo" no se ajustaba a la encendida ambición de la victoria. Por otra parte, la profunda irrealidad respecto de la alineación de los partidos políticos italianos llevaba muchos años. Controlaban maquinarias cuyas ideas estaban en quiebra, y –dejando de lado a los oficinistas – no existían grandes diferencias entre ellos. Se imponía la revivificación de la vida política si Italia había de poner en practicar las nuevas posibilidades que se le abrían merced a la parte que le correspondía en la victoria.

Fue como símbolo de dicha revivificación que Mussolini presentó batalla al viejo orden. En parte, representaba el apasionado optimismo de la juventud, ansioso por controlar lo que parecía un destino ilustre, y en parte el deseo del pequeño propietario de asegurarse contra los avances del socialismo. Las ideas fascistas tuvieron pronta aceptación dondequiera que hubiese hombres ávidos de poder o temerosos de lo novedoso. En su calidad de soldado en la guerra pasada, Mussolini podía reclamar su parte de la victoria. Como ex miembro del Partido Socialista, contaba con el favor que siempre acompaña a quienes abandonan ideas impopulares. Los pequeños grupos que lo apoyaban crecieron rápidamente hasta convertirse en el único partido organizado y disciplinado del estado. La acción directa les permitió arrojar a los socialistas fuera de sus bastiones municipales. Enfrentaron la crítica y el disenso no con palabras sino con acciones. Destruyeron las imprentas de sus opositores. Disolvieron las reuniones públicas. Sometieron a los huelguistas a fuerza de golpizas. Donde encontraban resistencia, no se detenían siquiera ante el asesinato para imponer su voluntad. Sometían a las autoridades distritales mediante la intimidación. Contagiaban al ejército y a la armada con su espíritu, y el gobierno no se atrevía a desafiar su poderío. En su calidad de presidente del concejo central, Mussolini exigía y recibía la férrea obediencia de sus seguidores, organizados como un ejército: usaban uniforme. Llegado el verano de 1922, Mussolini comandaba medio millón de soldados. Era tiempo de avanzar desde la atmósfera de la influencia a la esfera del gobierno. Marchó sobre Roma. El gabinete renunció y depositó su autoridad en las manos del rey, y a éste no le quedó otra alternativa que designar a Mussolini Primer Ministro.

Aunque estaba muy lejos de vislumbrar una mayoría parlamentaria, las cámaras abdicaron ante su manifiesto desprecio por ellas. Afirmó que debían plegarse a su voluntad o, de lo contrario, él obraría sin consideración para con el poder constitucional que detentaban. Encarnaba el ethos de Italia, y oponérsele equivalía a invitar al desastre. El resultado fue el triunfo notable de su personalidad dominante. Los diputados no titubearon en entregarle su autoridad; si criticaban, eran apaleados en las calles o sujetos a ataques personales humillantes. Tanto la política exterior como la interior respondían simplemente a la voluntad de Mussolini. Sus seguidores se transformaron en la milicia nacional. Hoy constituye un crimen penado por la ley publicar material denigrante para el gobierno o sus políticas. La libertad de expresión ha desaparecido a punto tal que estadistas experimentados, como Giolotti y Orlando, se apresuraron a aclamar a la nueva estrella. La Cámara de Diputados aprobó una ley según la cual cualquier partido que reciba un cuarto de los votos en una elección general se asegura automáticamente los dos tercios de las bancas en la Cámara, y dado que todo gobierno italiano controla las elecciones, Mussolini se ha garantizado al menos cuatro años en el poder.

Sin disimulo, ha tirado por la borda toda creencia –falsa, claro– en el gobierno de las mayorías. El poder será suyo no porque la masa del electorado apoye sus ideas, sino porque sus partidarios no permitirán que la oposición se exprese. Para él, el gobierno existe para satisfacer necesidades, no para efectivizar voluntades, y su primer requerimiento consiste en un poder arrollador, incompatible con la libertad. Por cierto, Mussolini no profesa afecto alguno a la libertad. La ha calificado de concepto novecentista cuya utilidad se ha agotado. En su visión, la libertad engendra la anarquía si implica la hostilidad de los opositores, y una prueba de deslealtad, que se castiga con la expulsión del partido, si la ejercen sus partidarios declarados. También se muestra hostil a la noción de igualdad. Aunque en sus fases iniciales el fascismo fue republicano, desde su ascensión al poder ha encontrado razones para creer en la monarquía. Favorece abiertamente un régimen de clases, y considera a la estructura jerárquica de la sociedad la recompensa natural del talento dentro de un orden en el cual los más débiles deben perecer. Se opone a la empresa pública en un período en el que el creciente control sobre los monopolios de base es visto cada vez más como una parte esencial de la política social. En lo que atañe a las relaciones exteriores, es imperialista. Ve a la Liga de las Naciones como la criatura ilegítima de la plutocracia anglosajona. Está decidido a terminar con la dominación inglesa y francesa en el Mediterráneo. Mira a Yugoslavia con desconfianza. Donde sea que los italianos habiten suelo extranjero, se propone crear enclaves fascistas "para que vivan la vida italiana más a fondo" y estén protegidos "dentro y fuera de la ley" si dependen de empleadores extranjeros. En particular, busca dominar el Adriático, lo cual implica la penetración económica en Albania. Exige una política favorable al presente régimen de Turquía.

El estudioso del fascismo que desee recoger, a partir de su literatura, un sistema definido de ideas, quedará atónito ante su ingenuidad incoherente. La mentalidad italiana siempre ha sido prolífica en elocuencia, pero Cavour y Mazzini, cualesquiera hayan sido sus limitaciones, siempre tuvieron presente un ideal tangible. Mussolini no ha ofrecido tales rehenes a la suerte. Sus escritos y discursos se han mantenido invariablemente dentro del campo de lo impalpable. Hace hincapié en la importancia del patriotismo y en el deber de sostener el interés nacional a cualquier costo, como en el Fiume. Niega la validez de la lucha de clases. Es necesario proteger el capital, pero debe dársele a los trabajadores la merecida oportunidad de participar en la administración. Cree particularmente en promover la propiedad en manos de los campesinos. Esto es, a la vez, una protección contra el bolchevismo y un medio de otorgar al individualismo la oportunidad de expresarse activamente. Cree en la ley, aunque, por así decirlo, en un sentido anárquico. Cuando el gobierno es débil, es necesario fortalecerlo, y el camino que lleva ello es la acción directa. La tiranía subversiva de Lenin da paso a la tiranía creativa de Mussolini. Posee una inquebrantable voluntad de dominación, y la situación extrema en la que se encontró parecía demandar remedios heroicos. La voluntad de dominación justifica la asunción del poder. Su victoria significa el fin del período de conflictos internos y decepción con el extranjero. La producción debe intensificarse; toda debilidad política y económica debe subsanarse. Cuando la vida "haya recobrado su ritmo pacífico" podrá descartarse la violencia, pero hasta tanto la reconstrucción nacional no se haya completado, constituye un método esencial.

Nadie que haya visto cómo un partido político construye su plataforma electoral puede dejar de reconocer frases de este estilo. La promesa de un nuevo paraíso y de una nueva tierra forma parte del repertorio compartido por quienes trafican en el arte de gobernar. Quizás Mussolini se diferencia de sus predecesores en la apasionada convicción que lo inspira. Literalmente considera que la oposición a sus ideas es un crimen. Literalmente insiste en que, desde los tiempos de Virgilio, la historia italiana encuentra su consumación en el movimiento que conduce. Por supuesto, cualquier partido que trata a sus dogmas como si fueran una religión necesariamente sacará fuerzas de su fanatismo. Todavía es demasiado temprano para emitir juicio sobre el significado de esta victoria. Afirmar que algo es verdad resulta inevitablemente más fácil que probarlo con hechos. Es más fácil proclamar que la violencia debe dar paso al orden que aplicarlo. Las expectativas de que los opositores partirán de la aceptación de las condiciones establecidas por sus rivales suelen estar condenadas a la decepción. Mussolini ha utilizado todas las armas provistas por la fuerza para abrirse paso hacia el poder. Ha pisoteado a toda la oposición. Ha silenciado a sus críticos por medio de la intimidación. En este respecto puede haber cedido un poco, como cuando apoyó la política inglesa frente a Alemania o mostró una actitud conciliatoria para con el Vaticano, pero en general ejerce sus funciones sin condicionamientos o limitaciones de ningún tipo. Hizo una revolución tan importante como cualquiera de las que hicieron historia en la última década con métodos que Maquiavelo habría comprendido y admirado. Si finalmente llega a establecer el gobierno de la razón, lo hará rechazando sus instrumentos esenciales, puesto que no existe la conexión entre la convicción por medio de la persuasión y la aceptación arrancada por la fuerza. El triunfo de la primera es duradero, pero las conquistas debidas a la violencia producen una reacción concebida en los términos trágicos del modelo que crean.

IV

Los historiadores de la próxima generación no podrán dejar de sentirse impresionados por las diferencias con las que se recibieron los cambios cuyos mayores responsables fueron Lenin y Mussolini. Mientras que el sistema leninista se ha ganado el repudio internacional y la intervención armada, el de Mussolini ha despertado amplio entusiasmo. Mussolini mismo ha sido condecorado por los gobiernos de potencias extranjeras; los embajadores se han deshecho en elogios en banquetes oficiales, y los grandes empresarios no han dudado en decir que lo único capaz de reducir a las clases trabajadoras a una perspectiva adecuada es la emulación de los métodos mussolinianos. Sin embargo, salvo por el grado de intensidad, no median diferencias en los métodos de ambos, y cuesta evitar la conclusión de que tuvieron una recepción distinta como resultado de su actitud antitética frente a la propiedad privada.

Pero el peligro que subyace a cada una de estas filosofías es similar. Pasamos tantos años en guerra que terminamos por acostumbrarnos a un código de conducta propio de tiempos caóticos, e inclusive sancionamos leyes de conducta que corresponden a épocas de rebelión. En Grecia, Turquía, o Bulgaria solo se presta lealtad al mandato de la violencia, y se aceptan el asesinato y el saqueo sin que sobrevengan sentimientos de indignación. Nos preparamos para arrebatar, de las manos de hombres desesperados, los números necesarios para llegar al poder. Son hombres a quienes no les importa la tradición histórica ni la moral sobre la cual se construyó nuestra civilización. El mismo humor reina en América e Irlanda, y a cada paso se encuentra evidencia de que existe también en Francia e Inglaterra. Mussolini y Lenin son simplemente los últimos elementos de una serie que se extiende por toda la circunferencia de la civilización occidental.

La postura que representan es sencilla: sirven a un gran fin, y los obstáculos que se les cruzan en el camino que conduce a él deben ser removidos sin importar el costo. No obstante, es obvio que si cualquier grupo de hombres, por sus creencias fervientes, puede ignorar la probada constitución de la sociedad, desaparecen las probabilidades de los desarrollos pacíficos. La lisa y llana lección de la experiencia enseña que la única base permanente del poder es la acción fundada sobre la voluntad y los deseos de las masas, y que los que gobiernan deben poseer la humildad necesaria para no creer ciegamente en sus conclusiones y estar dispuestos a someterlas al juicio de los otros.

Por lo menos desde el Renacimiento, todos los progresos que hemos logrado en cuestiones de organización social se construyeron manteniendo esta conducta. La disposición a someterse a investigaciones no condicionadas es el único camino certero hacia el progreso. Puede no gustarnos el resultado, y podemos tratar, mediante investigaciones ulteriores, de persuadir a los hombres a rechazar decisiones ya tomadas. Lo que importa, sobre todo, es la idea de que la tolerancia es la atmósfera persistente de la experimentación. Una vez que nos disponemos a adoptar un dogmatismo agresivo sobre las cuestiones más espinosas, estamos invitando a que se abandone la razón. Cada sistema de gobierno que no se apoya sobre la persuasión y el razonamiento siempre atraerá a hombres incapaces de ejercerlos. Pueden afirmar, al principio, que han tomado el poder para cumplir algún fin superior, pero lo conservarán por el poder mismo. Y no hay duda de que lo harán castigando todo disenso con sus miras.

Sistemas de ese tipo fueron ensayados en el pasado, especialmente cando la religión estaba en juego. Siempre fracasaron, porque los lazos que mantienen unido el tejido social son demasiado frágiles como para sobrevivir un ataque sin tregua. El dogmatismo medieval no engendró el convencimiento, sino que condujo a las guerras religiosas. El precio que pagamos por la certeza militante en temas sociales es siempre la creación de un despotismo. El paso del despotismo al conflicto es corto y lógico.

Tanto Lenin como Mussolini establecieron gobiernos de hombres, no de leyes. Degradaron la moral pública al rehusar admitir los términos bajo los cuales se hace posible el intercambio civilizado. Al tratar a sus opositores como criminales, convirtieron al pensamiento en una aventura nefasta, y eso en un momento en el que lo que más se necesita es el ingenio para abordar temas sociales. Penalizaron la sinceridad política. Dieron rienda a pasiones incompatibles con la seguridad de la vida. Insistieron en que ellos y sus dogmas eran indispensables, aun cuando no estamos en condiciones de pagar el precio que implica la aplicación de semejante idea. Si para ambos el problema del cambio social ha de resumirse en la lucha entre la propiedad privada y la pobreza, terminaremos fundando un férreo feudalismo industrial o una anarquía en la cual perecerá nuestro acervo intelectual.

Es muy posible que haya llegado el momento de una revolución en la naturaleza de los asuntos humanos. Desde luego, ningún estado moderno puede, al mismo tiempo, repartir generosamente el poder político y tratar de mantener grandes disparidades económicas. Pero la única revolución que puede aspirar a sostenerse en el tiempo es aquella que, mediante la persuasión gradual, gana la convicción organizada de los hombres. Poner ese proceso en peligro exaltando la violencia no solo destruirá una ley aquí y un gobierno allá, sino que terminará alterando los cimientos del tejido social. Los grandes acontecimientos no ocurren merced a mecanismos legales ni a los esfuerzos de individuos aislados. En último análisis, dependen del espíritu que rodea a las circunstancia del gobierno. Si ese espíritu está habituado a métodos violentos, será imposible mantener las tradiciones de la civilización.

II. Las fuerzas radicalizadas de Alemania

PErich Koch-Weser
Abril de 1931

La depresión económica y la radicalización política se mueven al mismo ritmo. Cuando la angustia económica alcanza un cierto punto, el ciudadano deja de utilizar su poder político para servir al bien común, y solo se ayuda a sí mismo. Su ideal de libertad política palidece ante su ideal de igualdad económica.

Una vez que este pensamiento ha corroído el corazón de la mayoría de un pueblo, todo sistema político está destinado al fracaso. Es inútil decirles a las masas resentidas que a sus gobernantes políticos y económicos no les cabe responsabilidad por sus desgracias. Es igualmente inútil señalarles que una revolución, con todos los trastornos que conlleva, no mejoraría la situación, sino que la pondría en peligro irremediable. El mundo no se rige por la razón, sino por la pasión, y cuando un hombre es arrastrado a la desesperación está dispuesto a destruirlo todo con la vaga esperanza de que un mundo mejor surja de las ruinas.

El pueblo alemán, inteligente y ordenado, que ha soportado con paciencia los sufrimientos de la guerra y de la inflación, hoy está en peligro de sucumbir a este peligroso estado de ánimo. Parecería que, por obra de la crisis económica, la degradación de amplios sectores de la población al nivel del proletariado, y el desempleo que afecta a casi cinco millones de personas, no pueden pasar muchos años más sin que se destruya la nación en su totalidad. Hay aquí una población, bien equipada desde el punto de vista de la salud y el intelecto, obligada en general a contentarse con un ingreso que apenas si basta para una existencia mínima. Un octavo de quienes pueden trabajar y ansían hacerlo no encuentra ninguna oportunidad. Y los que tienen empleo no ven ninguna posibilidad de un gradual ascenso a puestos donde desarrollar a pleno su capacidad. Sobre todo –y quizá sea este el peor aspecto de la situación– no solo grandes cantidades de personas se ven forzadas a abandonar toda esperanza de progreso personal, sino que también deben renunciar a la idea de proporcionar a sus hijos la educación que les permitiría mejorar, en su momento, su propia situación. Alrededor del 30 por ciento del pueblo alemán ha recibido una educación mejor de la que se brinda en las escuelas públicas comunes. Pero solo alrededor del 12 por ciento de todos los puestos de trabajo disponibles en Alemania requieren este tipo de educación superior o la hacen aconsejable. Entonces, vastos sectores se sienten oprimidos y amargamente descontentos. La consecuencia de esto es una marcada insatisfacción generalizada con el sistema económico imperante. La culpa de todos los males se atribuye al sistema capitalista, a pesar de que ha sido considerablemente entorpecido y debilitado por la intervención del gobierno. El número de personas que confían en progresar merced a sus capacidades declina de manera constante. Recordaréis que se decía que a los soldados de Napoleón los inspiraba la creencia de que cada uno de ellos llevaba un bastón de mariscal en su mochila. Quizás no era realmente así, pero sin duda no permitir que se desperdicien los sentimientos de autosuficiencia y autoayuda que anidan en una nación es uno de los secretos del éxito de cualquiera sistema eficiente. En este sentido, América ha manejado mejor las cosas que las naciones del Viejo Mundo. En Alemania, llegar a una buena posición gracias al propio esfuerzo dejó de ser el ideal colectivo. Esto marca el final del pensamiento "burgués" en el mejor sentido del término. El número de personas que comienzan a pensar desde el socialismo va en aumento. Los adherentes a los partidos moderados, que se oponen a esto, menguan en la misma proporción en que el número de ciudadanos independientes, progresistas, y autosuficientes disminuye a causa de la creciente pauperización.

A pesar de su sesgo socialista, entre todos los partidos no burgueses, el Partido Socialdemócrata es al que menos le importa remodelar el estado en el sentido socialista. Ello no es tan raro como suena. Este partido, que todavía es, con mucho, el grupo político más fuerte de Alemania, se compone de trabajadores manuales y pensadores, empleados en relación de dependencia, capataces, funcionarios públicos de bajo rango, y campesinos. Es proletario de nombre, pero en realidad sus miembros han logrado un grado mayor de seguridad propia de la clase media que muchos de los que pertenecen a la vieja burguesía. En parte, este es el resultado de una extensa legislación social, pero principalmente se debe a la protección que ofrecen las organizaciones sindicales. En estos tiempos de penuria económica, el partido no ha podido defenderse bien en la lucha abierta que sostiene con los capitalistas en el campo económico, pero merced a su triunfo en las urnas ha tenido éxito total en evitar la reducción de salarios que, de otro modo, habría acompañado el creciente desempleo.

En consecuencia, este grupo social se ha tornado tan conservador como cualquier otro con algo que perder. Su fraseología política y económica es radical, pero en realidad les preocupa preservar el orden económico actual porque ven que su existencia y la de sus hijos está atada a él. Aunque este partido puede radicalizarse cuando se trata de limitar las utilidades de los capitalistas, se aparta resueltamente de cualquier tipo de violencia revolucionaria que arruinaría los cimientos de su sustento. Por el momento, entonces, se encuentra completamente absorto en la tarea ingrata, aunque históricamente importante, de mantener vivo, en grandes sectores de la población, el sentido del orden y el aprecio por el valor del estado. Tampoco se permite el ser apartado de este camino por la evidencia del disgusto exagerado o infundado que muchos ciudadanos cultos y de posición acomodada le demuestran con frecuencia. Al fin y al cabo, se ha convertido en un partido que representa la preservación del estado.

La actitud del Partido Comunista es totalmente diferente. Constituye un reservorio para todos los proletarios que, sin culpa o por su propia culpa, han fracasado en encontrar empleo y/o salarios adecuados. Este partido no conserva ni rastros de la gran idea altruista del comunismo. La consigna no es la frase cristiana "lo que es mío será tuyo", sino una que denota envidia: "lo que es tuyo será mío". La ciega sumisión de los líderes del partido a los edictos emitidos por la Rusia Soviética lo hacen más peligroso para Alemania, al igual que su dependencia financiera de Moscú. Haciendo a un lado a ciertos escritores descontentos que no están al tanto de las corrientes mundiales, los miembros del partido se reclutan entre los estratos más bajos de las clases trabajadoras. A menos que las penurias de los alemanes se vuelvan insoportables, cualquier súbito avance por parte del comunismo basado en el uso de la fuerza estaría condenado al fracaso sin respaldo armado y ayuda del exterior.

En este momento, nos amenaza un peligro mayor proveniente de los nacionalsocialistas, popularmente llamados Nazis. Este movimiento comprende las nutridas filas de los desheredados y déclassés—miembros de la clase media, funcionarios, policía y fuerzas armadas, y terratenientes. Todos ellos merecen nuestra piedad y compasión. Muchísimos han sido desarraigados de su buena posición social por la guerra, la revolución, y la inflación, y luego arrojados a la búsqueda de una subsistencia incierta y miserable. Al apoyar y votar por el Partido Nacionalsocialista, no es precisamente su retórica lo que los ha llevado a hacerlo. Las principales características de la política exterior alemana son de orden obligatorio; no se trata de una cuestión de convicción, sino de un destino diplomático y geográfico. El éxito del partido reside en que sus miembros desesperan de poder volver a obtener una porción sustancial de los bienes de este mundo o de asegurarse una posición más elevada de la que ocupan ahora.

El Partido Nacionalsocialista ofrece la ventaja de que sus miembros pueden disfrutar de un socialismo barato o, mejor dicho, de un socialismo basado en la envidia, sin tener que, al mismo tiempo, renunciar a la conciencia de clase o al sentimiento de superioridad sobre el proletariado. Tanto los integrantes como los objetivos políticos del partido exhiben variaciones extraordinarias. Algunos de sus miembros condenan a la República existente por la crueldad con que se ha desprendido de las antiguas tradiciones alemanas. Otros la culpan por comportarse con tibieza ante la necesidad de un nuevo orden social. Esta es la razón por la cual nadie sabe exactamente en que consistirá su "tercer imperio". Se autodenominan socialistas, y probablemente se proponen serlo. Pero utilizan el vocablo "marxistas" como un término de oprobio, reservándolo para sus adversarios. Su "socialismo" se resume en el odio al capitalismo; su "marxismo" es el odio a la socialdemocracia. Es extremadamente dudoso que este partido llegue a decidirse a dar el salto e intentar un ataque contra la República. Después de todo, al presente solo comprende no más de un quinto de la población. Además, lo anima un espíritu de club o fraternidad más que el tipo de determinación que recurre a medidas revolucionarias. Pero sin importar que sus acciones queden en palabras, o que logre usurpar el poder o una tajada de poder durante un tiempo, a la larga el peligro más grave es que carece de un objetivo. Por lo tanto, se ve obligado a liderar las huestes de sus frustrados adherentes no a la victoria de la razón, sino a unir sus fuerzas, por así decirlo, y ello con resentimiento, a las del radicalismo de izquierda.

¿Existe algún modo de contrarrestar los peligros inherentes a esta situación? No hay que olvidar las dificultades que Alemania debió superar en su lucha por progresar económicamente inclusive antes de la guerra. No hay paralelo en la historia para la manera en que, entre 1871 y 1914, Alemania realizó la hazaña gigantesca de incrementar su población de 40 a 70 millones de habitantes, ofreciéndoles condiciones de existencia pasables dentro de sus estrechas fronteras. Inglaterra mantiene el nivel de vida de los suyos solo mediante los intereses y dividendos de sus inversiones en el extranjero, que casi son suficientes para cubrir el costo de alimentar a la nación entera. El trabajador estadounidense dispone de un cuarto de la materia prima del mundo para realizar su trabajo, de modo que, cada vez que su mano hace un movimiento, América se enriquece no solo por el valor del trabajo hecho sino por el valor de la materia prima así puesta en valor. En Rusia, una hueste de esclavos, compuesta por 120 millones de campesinos que viven en estado de servidumbre, con escasas necesidades y en una condición de miseria que supera a la de la Edad Media, se afanan para sostener una oligarquía de 6 a 8 millones de obreros industriales. Alemania no podía acceder a tales recursos siquiera antes de la guerra. ¿Podrá Alemania continuar la línea de sus logros pasados?

Ni la energía y buena disposición del obrero alemán, ni la inteligencia y la iniciativa del capitalista alemán, ni la adaptabilidad y versatilidad del comerciante alemán, ni la eficiencia y la formación técnica del científico alemán han disminuido, al menos no mucho. Se ha dicho con razón que Alemania "padeció hambre en su camino a la grandeza" durante el siglo XIX. Hoy podría hacer lo mismo si las condiciones que le fueron impuestas fueran las de entonces. Pero las condiciones se endurecieron en dos aspectos.

Alemania gime bajo el peso que soporta tras haber perdido la guerra. Tiene obligaciones internas y externas. El número de inválidos, viudas, y huérfanos creado por la guerra, todos los cuales tienen derecho a manutención, es enorme. La cesión de territorios importantes ha dificultado que proporcione la materia prima necesaria, y el trazado de fronteras imposibles la ha mutilado a un grado tal que se le hace difícil regular el intercambio económico y la provisión de bienes. Los fabulosos pagos en concepto de reparación por la guerra la desangran, aunque al reducir sus precios logró incrementar sus exportaciones.

El segundo factor adverso es de tipo general, y consiste en el creciente aislamiento entre diversos países del mundo. Alemania es demasiado pequeña para, en soledad, valorizarse y desarrollar la energía vital de su población. Necesita del comercio internacional. Pero a mayor necesidad de las naciones, mayor su dependencia de la cooperación en el campo de la economía internacional, y mayor su obstinación con el nacionalismo y el proteccionismo. Se aíslan las unas de las otras. Las barreras arancelarias se elevan más y más. Mientras tanto, la emigración de los trabajadores y campesinos para quienes ya no hay cabida en Alemania se estanca. Inclusive los médicos, técnicos, y comerciantes, muchos de los cuales otrora ponían sus habilidades al servicio de distintos países, para luego traer a la patria el fruto de su labor, ahora se encuentran excluidos de casi todas partes. Así, Alemania queda confinada a sus propias y estrechas fronteras, dentro de las cuales su pueblo se agota en una competencia infructuosa.

Tanto desde lo político como desde lo económico, el colapso de Alemania marcaría una larga etapa en el camino que conduce a la decadencia de nuestra cultura moderna. Los alemanes se contentan fácilmente y son, por naturaleza, contrarios a la revolución. Solo cuando son presa de la desesperación prestan oídos a ideas de agitación. Con algo de buena voluntad, el mundo podría impedir el colapso de Alemania. Fue arrollada en la guerra porque el mundo adhirió a la concepción errónea de que constituía un obstáculo para la democracia y la libertad. Hoy el mundo debería ayudar a Alemania a defender sus instituciones democráticas y liberales, mostrándole alguna comprensión de sus necesidades políticas y económicas. Al hacerlo, el mundo estará defendiendo su propia libertad y sus propias instituciones democráticas.

ERICH KOCH-WESER, ex Ministro de Justicia de la República de Alemania, y recientemente líder del Partido Democrático.

III. Hitler: Fenómeno y Portento

Por Paul Scheffer
Abril de 1932

El partido Nacionalsocialista, fundado por siete hombres, surgió en Alemania hace once años. Adolf Hitler fue el último en unirse al grupo. Sin embargo, pronto se convirtió en "el hombre" de dicho grupo, y continúa siéndolo para un partido que a menudo se designa con su nombre y que cuenta con millones de adherentes. Es muy posible que el partido atraiga a individuos más inteligentes y enérgicos y mejor educados que él. Aun así, "los Nazis" y "el partido de Hitler" son sinónimos. El partido, tal como lo conocemos, existe porque hay un Hitler alrededor de quien aglutinarse; porque hay un hombre cuya clara fuerza de convocatoria es potente y contagiosa; una personalidad electrizante cuyo atractivo es irresistible.

He utilizado el término "partido" por ser el más accesible en el momento. No obstante, no se trata de que Hitler haya incorporado simplemente una más a las muchas -demasiadas- máquinas parlamentarias que configuran la vida política alemana. Nos encontramos frente a un movimiento que se nutre de una variedad de fuerzas sociales, morales, y económicas cuya evolución apenas ha llegado a incorporar una instancia política. Es por esta mismísima razón que el partido de Hitler es tan intolerante como cualquier otro movimiento incipiente. Todavía carece de un programa definido, así como del apoyo suficiente para negociar con otros partidos y medir sus pretensiones respecto de lo que realmente puede llegar a conseguir. Para decirlo sucintamente, el movimiento de Hitler todavía no ha alcanzado su fisionomía racional. Las corrientes de sentimientos que expresa yacen en las capas más profundas de la vida del país. Les falta adquirir una expresión práctica. Como suele suceder en estos casos, no hay manera de saber si el partido logrará alguna vez plenos derechos en su condición de tal. Ignoramos si sus líderes están seguros de que es factible. Ni siquiera tenemos la certeza de que, en su fuero íntimo, Hitler no abriga dudas; de si, guiado por aspiraciones internas –esos ideales químicamente puros que sus seguidores comparten– logrará crear un arma de acero forjada con tanto metal en estado de fluido y adaptarla a la política práctica. No sabemos si, en el fondo, es "un hombre fuerte".

Para las democracias tradicionales resulta difícil imaginar movimientos políticos en estado embrionario como el de Hitler en sus comienzos. Sin embargo, los inicios del comunismo en Rusia no fueron menos idealistas ni utópicos. Ese movimiento también comenzó con unos pocos individuos munidos de convicciones brillantes y metas extremistas. ¿Acaso el fascismo italiano no empezó con unas pocas personas con aspiraciones sólidas aunque vagas en cuanto a cómo trasladarlas a la vida real? Y esos grupos minúsculos, ¿no se transformaron repentinamente en grandes organizaciones? Ya entrado el año 1927, el Signor Rocco, Ministro de Justicia del fascismo, le comentó al autor de este artículo que la teoría y el programa general del fascismo tendrían que evolucionar y dejar atrás la lucha que sostenían con la realidad; que el movimiento fascista no provenía de un programa ni se guiaba por él, sino que la marcha de los acontecimientos determinaría el programa. Por consiguiente, en el fascismo el factor primordial fue algo de naturaleza puramente subjetiva; un impulso que no sabe exactamente dónde se dirige pero que, dondequiera que se encuentre, se sentirá seguro de sí mismo. Mussolini ha sido un estadista, no un simple instigador de emociones. Sin demoras, aplicó al servicio de metas muy claras los elementos dinámicos que materializó, y lo mismo puede decirse de Lenin. Los líderes nacionalsocialistas alemanes admiten, en sus momentos de reflexión, que durante "alrededor de diez años" cometerán errores, inclusive graves. Pero el éxito de sus predecesores bolcheviques y fascistas les hace tomar con calma dicho escenario. Quienes observan el movimiento hitlerista a distancia –quizá con indiferencia, o aun con simpatía u hostilidad– no deben engañarse pensando que se trata de una "utopía" o que "carece de un programa definido", o que sus demandas concretas son "tonterías". En su estado actual de desarrollo, es más acertado pensar las demandas del partido como símbolos, como carteles que apuntan en una dirección inespecífica, sin explicitar lo que se encontrará al final del camino. Por cierto, no deja de ser verdad que estos símbolos representan mayormente objetos reales, instituciones existentes, y otros hechos contra los cuales el nacionalsocialismo se alza en protesta radical. Por ende, el peligro que acecha en este estado de cosas es inmenso. Alemania sufrirá estragos irreparables si el movimiento acumula poder sin la correspondiente madurez de pensamiento. La Rusia soviética, junto con sus líderes, acaba de pasar por esta experiencia. En consecuencia, es crucial evaluar el movimiento hitlerista como lo que es hoy, y comprender su verdadero significado.

Hitler es el orador de más éxito que Alemania haya poseído jamás. Es sorprendente que la palabra hablada ejerza hoy una influencia tan poderosa en la historia de Alemania. Los alemanes son un pueblo de libros, no de salas de conferencia. La experiencia de escuchar a Hitler es tan interesante como conmovedora: sus enemigos más acérrimos a menudo han sucumbido a su encanto. Y resulta muy instructivo estudiar a su audiencia. Las salas donde va a pronunciar sus discursos suelen cerrar las puertas una hora antes del comienzo del evento porque ya están repletas. Siempre se ve una multitud aseada, prolijamente vestida, cuyos rostros evidencian intereses intelectuales de diversos tipos. Hay empleados, profesores, ingenieros, maestros, estudiantes, empleados públicos... Los asistentes se muestran absortos, circunspectos, callados; el rostro tenso y a menudo demacrado. Los únicos ruidos provienen de los "guardias de sala", un producto típico de estos tiempos nuevos. Son los jóvenes violentos llamados Sturm Abteilungen, o "fuerzas de choque". El elemento predominante es lo que tan acertadamente se describe en Alemania como la clase media "desclasada"; personas visiblemente venidas a menos, espiritualmente destruidas por la realidad cotidiana, alteradas por la incesante preocupación acerca de las necesidades indispensables en la vida. Llama la atención el número de jóvenes. En términos generales, es una mezcla abigarrada de categorías del pasado, del presente, y podría hasta decirse del futuro de Alemania. Es el famoso "crisol" en el que Alemania, con sus clases sociales y ocupaciones otrora tan sólidamente articuladas, se ha fundido en estos últimos diez años a consecuencia del desastre económico, el desempleo, y los vaivenes del poder. Todas estas personas tenían una concepción de la vida y de su propio rol en ella que choca violentamente con su situación actual. A menudo se trata de gente que ha sido hecha a un lado y a la que se le ha negado acceso a la vida de su país bajo las condiciones ahora reinantes. En líneas generales, el proletariado –los obreros– vio mejorada su situación financiera bajo la República, mientras que los estratos sociales medios tuvieron que reducir su estilo de vida a un mínimo increíble.

Aun si el observador nunca se hubiera enterado del programa de Hitler, podría adivinar lo que espera esta lúgubre reunión de personas. Esperan un evangelio, un mensaje, un Verbo que los libere de los apuros a los que los somete la necesidad; algo que sirva de compensación a las limitaciones intolerables de su existencia. Desean aferrarse a un ideal que los guíe fuera del lodazal en que se encuentran. Quieren escuchar la certeza de su derecho a ocupar un lugar en este mundo nuevo. El hombre capaz de sacarlos de su estado depresivo, aunque más no sea por una hora, puede ganarlos para sí y para la causa que, les dice, representa la sustancia de la "liberación". ¡Qué oportunidad para un gran orador! ¡Qué gran oportunidad para un orador!

Los adversarios de Hitler tienen razón en acusarlo de que este tipo de público puede ser manipulado con facilidad. Los dichos de Hitler sobre la propaganda, tanto desde el escenario como desde la palabra impresa, demuestran que está dispuesto a valerse de cualquier medio que considere útil para ganar adherentes a su causa. Aviva las llamas del odio con la misma falta de escrúpulos con la que alienta las esperanzas más exageradas.

Pero concentrémonos en su público. ¿Qué los moviliza? ¿Cuáles son los botones que Hitler puede oprimir con tanto acierto que logra arrastrar a millones de personas donde se le antoje?

Fundamentalmente, se trata de los tiempos difíciles que se han cernido sobre Alemania a partir de la guerra. Surgieron grandes fortunas, aunque probablemente son más aparentes que reales. Mientras tanto, las estadísticas demuestran que, respecto de la clase media, que constituía la columna vertebral de Alemania, el estilo de vida se encuentra muy por debajo de los niveles de preguerra. A partir de 1929 ha descendido a profundidades sin precedentes. Hitler apunta sus cañones a aquellas personas cuyas fortunas se han incrementado de manera desproporcionada si se la compara con el promedio general de acumulación de riquezas en Alemania, y especialmente con la riqueza anónima de los fondos fiduciarios —"la esclavitud de los cupones". Ataca el pago de reparaciones que drenan la sangre del país. Todo esto es bien sabido en el extranjero.

Hitler critica, denuncia, y vilipendia el "Marxismo". Estas acciones contienen una porción muy instructiva de su propaganda y fanatismo. Sin lugar a dudas es el tema en que pone mayor énfasis. Su audiencia se compone de alemanes. En su condición de alemanes, ¿pueden consentir que un gran número de sus compatriotas, obreros ellos, tengan que aprender que, al fin y al cabo, están más ligados a las clases trabajadoras de otros países que a sus propios compatriotas que no son "proletarios"? En su gran mayoría, el público de Hitler ha caído por debajo del nivel de vida de un trabajador alemán con empleo. En cuanto a otros, existe solo una leve diferencia entre sus ingresos y los jornales de un obrero. Por ello no se consideran proletarios. Que lo hagan es una de las ilusiones de Moscú. Pero, muy por el contrario, es por esa misma razón que insisten en preferir la vida en un estado no gobernado por obreros; un estado que no discrimina entre clases, y no uno que se rige por los ideales instaurados por Marx para su nación de obreros, donde el proletariado ejerce el poder y marca el tono. Es por estas razones que desean ser "nacionales". Son precisamente estos sentimientos los que le han dado un nuevo significado e impulso al nacionalismo, no sólo en Alemania sino también en Italia y otros países.

En el mismo sentido, estas personas se sienten ajenas a "las fuerzas de la riqueza". No poseen nada, tal como la clase obrera tampoco posee nada. De ahí la sorprendente mezcolanza conceptual que surge con claridad del término extravagante "nacionalsocialismo". Los efectos del sistema capitalista también los abruma. Odian a los "plutócratas". Su grito de batalla refiere a lo que llaman "la tiranía financiera judía", un espantapájaros artificial creado ad hoc y apuntando a uno u otro individuo. La propaganda requiere tales artilugios.

Hitler proclama que hoy un alemán no puede decir "nosotros los alemanes" con propiedad. "Nosotros" carece de significado. El marxismo habla de "nosotros", pero se trata de un "nosotros" de otro tipo. Y a su modo, ¿el capitalismo no es acaso internacional? Alemania debe volver a unirse. Debe hacerlo para ser "libre" otra vez. Y será "libre" otra vez cuando vuelva a ser respetada en el extranjero. Todo esto, como puede verse claramente, se mantiene unido por el simple énfasis en la homogeneidad de Alemania, en cosas que parecen manifiestas. Sin embargo, en la Alemania empobrecida y "esclavizada" del presente, el "programa" debe prevalecer de manera absoluta y activa, como la más alta expresión de la vida del país.

Este clamor por la unidad, por la unificación, encierra algo que nunca se dice explícitamente pero que, sin embargo, desempeña un papel importante. Se trata del problema de la "cultura" alemana. Hitler brama contra los "intelectuales". No cesa de sembrar la alarma sobre su concepción del mundo. Los alemanes más instruidos se muestran indiferentes ante el interés nacional, y el término que lo denomina —"belange"— es una palabra nueva que reemplaza a la de origen latino. Los intelectuales tienen una perspectiva internacional. No piensan "al modo alemán".
En Alemania, como en todas partes, existen grandes diferencias entre los niveles de educación popular, pero esas diferencias poseen mayor importancia social en Alemania que en otros países, creando así disimilitudes más severas entre individuos. Hitler se manifiesta en contra de todo eso. Lucha para que los semi-instruidos tengan derecho a su propia visión del mundo, a una cultura iluminada por el amor a la patria. A los gritos, les dice a los estudiantes universitarios que no merecen dedicarse a sus estudios eruditos si no pueden encontrar un punto en común con el mecánico empeñado en servir a su país. Hitler toma en cuenta la reacción de alguien medianamente instruido, pero pensante, a la superioridad de los más instruidos, una reacción no carente de resentimiento. Él mismo es un auténtico autodidacta, y ha abrevado en muchos temas. A sus ojos, lo esencial no reside en una acabada formación intelectual sino en un activo amor a la patria y en la comprensión mutua de todos. Alemania, con un numeroso proletariado intelectual que, en muchos casos, no cumple con el estándar educativo del pasado, se encuentra en una verdadera crisis respecto de la educación. La idea de Hitler consiste en proporcionar al pueblo un punto de encuentro

donde las convicciones compartidas supriman todas las diferencias. Las diferencias culturales deben retroceder ante el patriotismo, y no resultar en divisiones entre clases e individuos. Esto se expresa en ataques contra aquellos intelectuales que el hombre común comprende menos.

Lo que une a todos quienes escuchan a Hitler es una sensación de humillación, de autoestima herida. Ello entra en juego en el campo económico, social, y cultural; inclusive en el diplomático. Es del todo natural que todos estos sentimientos lastimados se unan y se abatan sobre el papel que Alemania ha desempeñado en el mundo a partir del Tratado de Versailles. Si bien, con algunos vaivenes, la posición internacional de Alemania ha venido mejorando, este relativo incremento de su prestigio no ha impresionado a las masas locales. Por otra parte, la discriminación que el concierto de las naciones ejerce contra Alemania no ha escapado a la atención del ciudadano común. A fuerza de cuidados especialmente prodigados, el concepto de "reparaciones" se transmutó en "pagar tributo", y la angustia provocada por la economía encontró, en la idea de las "reparaciones", una explicación clara y convincente para todos. Lo mismo puede decirse del malestar social. Quienes se sientan frente a Hitler tienen una noción muy clara de las fuerzas que determinan sus tribulaciones, y no resulta difícil guiarlos hacia los corolarios. Hitler puede alcanzar lo más profundo de su sensibilidad cuando alza su grito de unión, prometiéndoles el "respeto" del resto del mundo como fruto de la unión, y diciéndoles que Alemania no puede tener una política exterior –y sobre esto machaca en todos los sentidos imaginables– hasta que se haya unificado. Ningún partido político alemán ofrece una fórmula tan sencilla. Nadie se ha tomado la molestia de comprender a este tipo particular de individuos como lo ha hecho Hitler. Es la razón por la cual ha tenido éxito en convocar a un pasmoso número de seguidores dondequiera que vaya.

Quizás lo dicho anteriormente contribuya a la comprensión de los impulsos básicos y primitivos que Hitler pulsa continuamente para atraer a las masas. Podemos encontrarlos comprensibles, e inclusive ver que mucho de lo que contienen es constructivo para la preservación de Alemania. Sin embargo, uno bien puede espantarse ante la expresión que Hitler y su gente les han dado a las fuerzas que movilizan, y estremecerse ante el antisemitismo y el chauvinismo que el temerario talento del líder no cesa de agitar.

Es importante aquí distinguir entre el aspecto propagandístico del movimiento hitlerista y su cara política realista. Por una parte, está enteramente dedicado a la construcción de poder, y así avanza sin escrúpulos al igual que todo movimiento del mismo tenor. Por la otra, necesita considerar el ejercicio del poder o, al menos, prepararse para ejercerlo. La gran pregunta es en qué se convertirá el nacionalsocialismo cuando esté en el poder, presionado por condiciones adversas y bajo la influencia del temperamento alemán, que por naturaleza no favorece los extremos. No es posible responder esta pregunta hoy, pero el estudioso de las relaciones exteriores debe pensarla haciendo a un lado las consignas del momento.

Es evidente que al mismísimo Hitler lo admira que su movimiento posea una naturaleza predominantemente emocional y que se mantenga unido por una cuestión de sentimientos. Su movimiento vive en la oposición y se nutre de ella. ¿Cómo reaccionará cuando se le pida que resuelva los problemas concretos y sumamente arduos que Alemania enfrenta tanto en territorio propio como en el extranjero? El movimiento, ¿puede ser trasladado a la política práctica? En tal sentido, sorprende que, recientemente, Hitler y su entorno hayan declarado que los miembros del Partido Nacionalsocialista no deben ocupar cargos públicos en el "Tercer Reich". En el "Tercer Reich" el partido solo actuaría como una usina para dar energía a la maquinaria del estado. En la "Casa Parda" de Munich –cuartel general del partido– muchos especialistas de diversos colores políticos trabajan para encontrar los medios de encarar problemas económicos concretos y otro tipo de cuestiones. Además, Hitler se ha conectado recientemente con personas de peso en el mundo de los negocios. El gabinete del "Tercer Reich" debe estar integrado por expertos. Mientras tanto, al interior del partido no son pocas las críticas sotto voce a muchos representantes que, de modo inesperado, se vieron lanzados al Reichstag por el triunfo sorprendente en las últimas elecciones. Ahora resulta que carecen de experiencia; que no son lo suficientemente competentes. ¡Sirvieron para integrar las listas, pero no para ser electos! Los líderes son plenamente conscientes de todo esto. En Rusia y en Italia, "el partido" sirve a modo de consejo de administración general detrás del gobierno, pero también se ha apropiado de altos cargos en el estado. Hitler no va a permitir nada de eso. La eficiencia será recompensada con la tolerancia. Se ha llegado a decir que inclusive existe la posibilidad de nombrar un Ministro de Finanzas judío. Respecto del antisemitismo, hay pruebas de que, cuando de política se trata, Hitler reconoce no solo lo absoluto sino también lo relativo. En términos prácticos, solo se verán en problemas "los inmigrantes judíos" que "no se hayan adaptado".

Asimismo, poco a poco se les explicará a las masas que sostienen a Hitler que el movimiento no puede llevar a cabo una política exterior activa hasta que no haya cumplido sus metas en suelo alemán. Los emisarios de Hitler viajaron a Ginebra con instrucciones de decir a los franceses que Hitler, "ahora y en adelante, considerará absolutamente esencial un acercamiento entre Francia y Alemania". Ello demuestra uno de los puntos que este artículo se propone destacar: la plasticidad del ideario de la dirigencia nacionalsocialista. El 26 de enero, a puertas cerradas, pero con toda la Nación observando atentamente, Hitler pronunció un discurso ante representantes del Club Industrial de Düsseldorf. El público, compuesto por personas ansiosas de tener la oportunidad de echar un vistazo al peligroso demagogo, le era mayormente hostil. Sin embargo, logró un éxito total y absoluto. Estaba en posición de decir cosas que funcionaban con la misma efectividad en aquella selecta audiencia que en las multitudes de seis mil personas que acudían en tropel al Tennis Hall de Berlín. Esto comprueba la elasticidad de las posibilidades del movimiento en su presente estado de desarrollo. También podría agregarse que muestra su imprecisión política. Lo que no es para nada impreciso son los millones de seguidores. Constituyen una realidad formidable, y sería un desacierto político ignorarlos.

El Canciller Brüning se entrevistó tres veces con Hitler desde septiembre de 1930. La última tuvo lugar bajo la luz cenital de la atención y curiosidad públicas. El Dr. Brüning es uno de los estadistas alemanes más importantes de los últimos cien años. No es menos patriota que Hitler, y tiene nervios de acero, con los que Hitler no fue para nada bendecido. Su visión de la vida en la Alemania que lo rodea es clara como el cristal. Es inconcebible que no haya advertido la trascendencia de un movimiento como el de Hitler. Los contactos entre ambos no condujeron a ningún acuerdo, por buenas razones, en lo que respecta a Brüning. El es responsable de la estabilidad de una Alemania sumamente compleja; una Alemania que se aproxima velozmente a una nueva crisis económica y que se mantiene en equilibrio solo con el mayor de los esfuerzos. El nacionalsocialismo no es, como dicen los franceses, "ministrable". No se ha esforzado lo suficiente como para que se le otorgue un diploma en política. Está desgarrado por corrientes contradictorias. Tiene un ala semicomunista; sostiene disputas sobre la cuestión de la participación en el Parlamento y sobre la Presidencia de la Nación; sus líderes no confían en sus seguidores ni acuerdan entre sí; su terreno en común es la propaganda más que cualquier otra cosa. Hitler y sus asociados luchan para darle cuerpo a esta alma joven y estrepitosa. Ese en particular es el problema de Hitler, a punto tal que muchos dicen que teme asumir el poder.

No obstante, apropiarse de la energía expresada por el nacionalsocialismo y utilizarla también es el problema de quienes mantienen a Alemania con vida hoy: los que lideran los negocios, el gobierno, todos los que, en suma, representan la tradición de los logros alemanes. El sorprendente triunfo del nacionalsocialismo en las urnas ha despertado a los otros partidos a este respecto. Les ha revelado una tarea política grandiosa, de cuya realización quizá depende la existencia misma de Alemania.
Imaginemos que los millones de ciudadanos alemanes que hoy siguen a Hitler se decepcionen. Si ese fuera el caso, pasaría largo tiempo antes de que algún movimiento patriótico tuviera la menor oportunidad en Alemania. Entonces la angustia económica y el malestar social destruirían los cimientos de la Alemania actual. La Alemania burguesa de ideas moderadas -y la socialdemocracia debe alinearse con esa Alemania- se enfrenta a un problema técnico. Tiene delante un tanque de gasolina. El tanque puede explotar, con efectos desastrosos para todo el país. Pero el tanque también contiene riquezas que pueden utilizarse con inteligencia para hacer funcionar una maquinaria lucrativa. Tal es la alternativa que el movimiento patriótico, nacido en condiciones sin precedentes, presenta al pueblo alemán.

- PAUL SCHEFFER, corresponsal en Washington del Berliner Tageblatt, anteriormente corresponsal en la Rusia Soviética, autor de "Sieben Jahre Sowjet Union"
fuerte tormenta le dio a la despedida un aire fúnebre y final.

Con gran ingenuidad e inconsciencia de mi parte, le pregunté antes de subirme al auto la fecha de su viaje a España, para ver si había tiempo para verla y tener una nueva oportunidad de resucitar la fantasía que había quedado sepultada. Asumí con cierta nostalgia que haber comparado mi situación en términos de edad y generación con la de Klinger, quizá inconscientemente me había auto-descalificado. Para mi mezquina satisfacción el viaje a España de Norma estaba programado la próxima semana y el de Klinger sería por lo menos dos meses más tarde.

IV. El Reich de Hitler

La Primera Fase

Por Hamilton Fish Armstrong
Julio de 1933

Ha desaparecido un pueblo. Casi todos los alemanes cuyos nombres eran mundialmente reconocidos por dominar el arte de gobernar o de las finanzas durante los últimos catorce años ya no están. Hay excepciones, pero el oleaje rápidamente barre la arena bajo sus pies, y día tras día, uno por uno, estos últimos especímenes de otra época, de otras gentes, cae en el mar del nazismo. La República ha sido borrada a tal extremo que a los Nazis se les hace difícil creer que haya existido o, si lo creen, es más bien un mal sueño del que los despertó el sonido de sus propios gritos dando órdenes; de sus propios pies marchando. No les significa nada que un compatriota u otro se pusiera al hombro más carga de la que le correspondía durante la larga lucha cuesta arriba para instalar el prestigio y los medios de subsistencia de Alemania en los años negros que siguieron al colapso económico, ni que, a la luz de ese día, el nacionalismo y la devoción patriótica de ese compatriota eran indiscutibles. La medida de su derecho a cualquier consideración en el presente radica, en primer lugar, en si era o no nazi. Si no lo era, se lo borra, aunque ahora quisiera tragarse su pasado y aceptar el liderazgo de Adolph Hitler.

No solo se lo borra, sino que también se hace desaparecer su recuerdo. Se finge que nunca existió. No se menciona su nombre, ni siquiera en son de burla. Si se pregunta acerca de él, se recibe una respuesta vaga. "Oh, claro. ¿Pero está vivo? Quizás partió al extranjero. ¿O estará en un asilo de ancianos?" Esto no aplica exclusivamente a judíos y comunistas, ya sea que hayan huido o sido confinados en cárceles o campos de concentración cercados con alambre de púas "por su propio bien", Aplica a hombres como Otto Braun, líder del gran partido Socialdemócrata, eterno Primer Ministro de Prusia, el hombre fuerte de quien los alemanes solían decir: "Cuando muera Hindenburg, lo tenemos a él". Enfermo y quebrantado, escapó a Suiza el día anterior a la elección. Aplica a la serie de cancilleres provenientes del otrora poderoso Partido del Centro, cuna tradicional de cancilleres. Únicamente el Dr. Brüning ha podido mantener unas pocas y endebles líneas de comunicación con el presente, al precio de sacrificar su reputación ante aquellos de sus amigos que no se dejan llevar ciegamente por las circunstancias. Generales como von Seeckt, Goener, e incluso el poderoso von Schleicher, de quienes se decía eran dictadores en potencia, ya no son vistos ni oídos. Se dice que cuando el General von Schleicher sale de su casa de campo en Glienicke, lo acompañan dos Sturm Abteilung (vulgarmente llamados las S.A.). Stresemann no solo está muerto, sino que lo ha estado desde que murió el último faraón. Quienes gobernaron Alemania en estos catorce años han sido eliminados —ojos que no ven, corazón que no siente— y, según el programa del Dr. Goebbels, propagandista en jefe, removidos de la historia. El mismísimo Hindenburg es una leyenda; una fábula. Su retrato permanece en los muros de las cafeterías, dado que desempeñó un papel en el nazismo, pero ya no lo necesitan, y a todos los efectos, su utilidad acabó.

La Stahlhelm, organización de veteranos de primera línea, a la que se atribuye el haber salvado al país de la anarquía y del comunismo en varias crisis de posguerra, pero temida por los Nazis porque puede constituirse en un posible rival de las S.A., ha sido desmantelada y sometida. Su vicejefe, el Coronel Düsterberg, pocos meses atrás candidato a la presidencia del Reich, por cuyas venas corría sangre judía, fue desechado de manera humillante, no mitigada en absoluto por la misiva de condolencias que le dirigió el Presidente Hindenburg. Herr Seldte, el otro líder de la Stanhelm, anunció que se había unido a los Nazis y puesto la organización a las órdenes de Hitler. Los soldados rasos, ex-combatientes disciplinados que consideraban las S.A. una chusma de mercenarios y saqueadores, quedaron sin aliento. No habían estado preparados para disparar sus armas cuando tuvieron la oportunidad de hacerlo; y la oportunidad se desvaneció.

La Reichswehr, con la que el General von Schleicher contaba y que hasta diciembre pasado podía haberlo apoyado (y lo habría hecho) en un movimiento decisivo para establecer la autoridad en nombre de una república vacilante, ahora se mantiene a un lado, sombría. Sus cuarteles son el único edificio público donde solo ondea la bandera negra, blanca, y roja del Reich; todos los demás edificios (a excepción de la residencia presidencial, cuya bandera es especial) ostentan la swastika nazi. A pesar de este postrer símbolo de independencia, la Reichswehr sabe que el momento de entrar en acción se le ha escapado. Todo lo que sus líderes pueden hacer es esperar (como lo hiciera en vano el Real Ejército Italiano) y ver si en algún momento se desata el caos que les permitiría intervenir para restablecer el estado a cuyo servicio se alistaron. Una esperanza vana.

Uno tras otro caen los últimos reductos desde los cuales el país podría defenderse de una indiscutida dictadura nazi.

La Alemania Federal ha desaparecido. Las leyes de la Gleichschaltung anulan las prerrogativas de los estados separados, y los líderes Nazis han sido designados Statthalter, con poder otorgado por Berlín para despedir a los gobiernos estatales si no se muestran plenamente sumisos. Eminentes teólogos luteranos y reformistas se apresuran a conformar una nueva, unificada Reichskirche para aliviar el temor de los Nazis de que la oposición o la debilidad se desarrollen en las 28 iglesias autónomas anteriores de los diversos estados, y para simplificar su embestida contra las organizaciones religiosas, compuestas por dos partes de sangre y hierro y sólo una parte de leche de la bondad humana. Los sindicatos socialistas, ya muertos como poder político y presumiblemente resignados a la abolición de las huelgas como instrumento de las negociaciones salariales, fueron finalmente incautados sin miramientos el 2 de mayo, un día después de la celebración del "Festival Nacional del Trabajo". Las tropas de asalto ocuparon sus sedes, encarcelaron a sus funcionarios, y se apropiaron de sus fondos en favor del nuevo sindicato nazi que ahora organiza la totalidad del trabajo como un instrumento de la voluntad del partido. Los antiguos sindicalistas habían esperado que se les permitiera continuar con sus actividades bancarias y de seguro social para sus 3.500.000 miembros, preservando al menos su identidad luego de cincuenta años de presencia en la vida alemana. La respuesta fue la redada junto con una proclama nazi que atacaba a los líderes sindicales llamándolos "criminales rojos" y anunciando a los trabajadores alemanes que "¡Adolf Hitler es su amigo. Adolf Hitler lucha por su libertad. Adolf Hitler asegurará su sustento!" Los pequeños sindicatos católicos y otros pronto "se sometieron incondicionalmente y sin reservas", seguidos por las organizaciones agrícolas y cooperativas. Se abolió la masonería. La Gran Logia de Prusia abjuró de sus orígenes, disolvió sus lazos con otras logias masónicas, y ahora es la "Orden Cristiana Alemana de la Amistad", exclusivamente aria.

El Poder Judicial ha sido podado con minuciosidad, de resultas de lo cual muchos jueces (comenzando por el Dr. Tigges, Presidente de la Corte Suprema de Prusia) han renunciado o sido despedidos. De aquí en adelante, reza una circular del Ministerio de Justicia de Prusia, se examinará a los jueces con base en su patriotismo y principios sociales, y pasarán períodos de servicio en instalaciones militares para entrenarse en "deportes marciales". A los ojos de los Nazis, el concepto de una justicia abstracta es anticuado. La justicia esencial es la que sirve los más altos intereses del estado.

Inclusive el gran Partido Nacionalista, socio de los Nazis en las elecciones de marzo subsiguientes a la caída de von Schleicher, y apoyados por todos los clanes de los Junkers, monárquicos, terratenientes, ex oficiales del ejército y funcionarios, queda suspendido en el aire, los pies apenas rozando el suelo, estrangulándose lentamente en la horca de su propia creación. Cuando en la noche del 30 de enero von Papen persuadió a Hitler de unírsele para ganar la elección, pensaba que había preparado el camino para que sus propias fuerzas conservadoras absorbieran a los Nazis. Pero ocurrió lo opuesto. A partir de las elecciones, la fuerza del Partido Nacionalista fue minada en todas las direcciones. Quizás lo más sorprendente es que ello haya ocurrido en el bastión de los Junkers en Prusia Oriental, donde con una u otra excusa (el método nazi más reciente es decir simplemente que algún oficial empedernido ha mostrado cobardía en su misión, pero sin especificar los cargos levantados) los hombres clave del Partido Nacionalista fueron removidos de los puestos ejecutivos que ocupaban dentro del gobierno, la banca, y las organizaciones agrícolas. En todo el Reich, las cámaras de comercio y otras organizaciones públicas donde los nacionalistas eran fuertes están siendo "asimiladas", mientras que las asociaciones privadas, e inclusive importantes organizaciones industriales, experimentan la novedad de que comisarios Nazis aparezcan en las reuniones de directorio, anuncien la expulsión de los judíos, los "liberales" u otros miembros indeseables, y constituyan nuevos directorios dispuestos a acatar las órdenes del partido.

En respuesta a la destrucción de sus bastiones, y a modo de

réplica a las frecuentes profecías de que iba a tener que renunciar, el Dr. Hugenberg, Presidente del Partido Nacionalista y Ministro de Industria del actual gobierno, comenzó, a fines de abril, a lanzar llamamientos, ora lastimeros, ora amenazadores, solicitando que todos recordaran que tanto él como sus colegas no Nazis ocupaban cargos en el gabinete en razón de un acuerdo con Hitler, y que la Ley de Habilitación que había dejado el poder en manos de Hitler por cuatro años estaba condicionada por dicho acuerdo. Pero dentro del gabinete o fuera de él, Hugenberg y sus amigos están condenados a una creciente desprotección. Durante algún tiempo, algunos no Nazis logran aferrarse a sus cargos [i] Pero son unos pocos. El rostro sonriente pertenece al tigre más corpulento, más implacable, y más inteligente.

Los nuevos gobernantes de este pueblo nuevo también poseen un nuevo vocabulario. En el arte y la literatura, en las profesiones, e inclusive en el deporte, nuevas especificaciones reemplazan el buen gusto, el talento, y la experiencia. Aprender este lenguaje resulta difícil para los extranjeros. Una obra de arte o representación de cualquier tipo no es buena a menos que su creador sea ario, preferentemente teutónico hasta la última gota de sangre – suponiendo que alguien con esas características exista. Ha de ser preferentemente un nazi, o al menos ni liberal ni judío. La música, el teatro, y el cine se han deformado para servir a los fines de la propaganda nazi. Se "depuran" las universidades. Profesores eminentes de origen judío o que albergan ideas liberales, así como aquellos de sus colegas que se conduelen de su suerte, o de quienes se sospecha que creen en la libertad de cátedra, son despedidos por el gobierno o, a menudo y más sencillamente, por orden de los comités estudiantiles.[ii] Mientras tanto, sus libros son retirados de la Universidad y de las bibliotecas públicas y sufren el mismo destino en las librerías; es decir, engrosan una larga lista de obras encabezada por las de Thomas Mann que acaban por ser confiscadas o quemadas, a veces de manera oficial por grupos nazis cuyas acciones quedan fuera de la órbita de la policía, juzgado, o departamento del gobierno oficial.[iii] La prensa también ha sido "asimilada". Propietarios de medios editoriales hostiles al régimen, o tibios, o liberales, o pacifistas, o "internacionalistas", o judíos, así como editores y corresponsales, han sido expulsados, y los escritores que quedan son vigilados por comisarios nazis. La atención se centra casi exclusivamente en noticias sobre la revolución: textos de proclamas, discursos de líderes, crónicas de concentraciones y celebraciones masivas. Todo se informa a un ritmo febril, de un modo que los extranjeros encuentran falto de proporción, con escasa referencia a los hechos históricos y poca atención a la opinión del mundo excepto para insultarla o burlarse de ella.

II

¿Cómo se hizo posible cortar todos los lazos con el pasado –tanto con la Alemania del Káiser como con la República? Pues porque a los jóvenes que dominan el Tercer Reich no les importa en lo absoluto la historia que precede los comienzos del movimiento nazi de 1919 en Munich. Viven exclusivamente en el presente, excepto por una breve historia privada que han creado para sí, y que, además de contener registros mejorados y embellecidos del crecimiento nazi, consiste en la glorificación de ciertos mártires sacrificados en la causa del despertar de Alemania. Por ejemplo, Horst Wessel, un capataz nazi asesinado por sus rivales comunistas, y Schlageter, un joven patriota alemán de antecedentes inciertos que fuera ejecutado en mayo de 1923 luego de ser condenado por espionaje y sabotaje en el Ruhr por una corte marcial francesa. Para estos jóvenes, el resto es la historia de los aztecas o de los troyanos. Carecen de todo interés en la política o los programas de la vieja Alemania imperial, o en los orígenes de la Gran Guerra, o en la victoria militar de los Aliados, o siquiera en el Tratado de Versalles. Esas son causas; a ellos solo les interesan las consecuencias. De lo que sí saben es de "la puñalada por la espalda" que Alemania sufrió en 1018 a manos de los comunistas (¿o fueron los socialistas, o los republicanos? —las denominaciones son prácticamente intercambiables); la debilidad y la traición de hombres que llegaron al poder "regalando" porciones de la madre patria a los enemigos de Alemania; el fracaso de esos mismos republicanos en liberarse con prontitud de la servidumbre que habían aceptado tan mansamente en nombre de Alemania; el sufrimiento y las indignidades a las que fueron sometidas las masas mientras que los banqueros judíos traficaban con divisas y los hombres de negocios judíos cosechaban ganancias excesivas. Al materialismo de Marx oponían la abnegación de Schlageter. No importa que los arraigados judíos alemanes se encontraran entre los ciudadanos más respetables, laboriosos y patrióticos; que hubieran luchado en los ejércitos del Káiser, entregando sus vidas y fortunas por el bien de su país. No importa que, de los 65.000.000 millones de alemanes que constituían la población alemana de posguerra, solo 600.000 eran judíos —menos del uno por ciento. Marx era judío. Hace que toda la raza sea maldita, inclusive las familias con las que se relaciona por casamiento, a punto tal que los círculos súper-racistas hablan de esterilizar a todas las alemanas incapaces de dar a luz una descendencia exclusivamente teutónica, y de prohibir las relaciones sexuales entre varones judíos y mujeres alemanas so pena de muerte[iv]

En algunos aspectos, el movimiento recuerda a la Edad Media, y en otros al régimen de Guillermo II, pero está claro que su esencia no es reaccionaria. Es una rebelión contra los hombres, métodos, y metas de los últimos catorce años, no un retorno a alguna vieja Alemania. Es una revolución del siglo XX, tan radical en sus consecuencias y potencialidad como la revolución rusa, solo que a la manera prusiana.
Y es muy prusiana porque la gente tiene el deseo, la voluntad, de subordinarse a líderes de voces y gestos imperiosos, de obedecerlos aun cuando ello implique ejercer violencia y, de manera individual, fundirse en el

Advertencias del Pasado

totalitätstat. Sentían que Alemania volvía a estar preparada para comandar el mundo y, porque eran conscientes de que formaban parte de una fuerza superior, no les molestaba aceptar órdenes en su condición de individuos. Marchando, cantando, destrozando ventanas, encantados de vestir uniforme, aunque la mayoría era demasiado joven para haber tenido experiencia directa de la guerra y otros nunca habían tenido la oportunidad de un empleo estable desde que fueran licenciados del ejército, inmunes a cualquier conocimiento aparte del pasado reciente, sin sentido de la proporción respecto de los acontecimientos del presente, protegidos de toda opinión perturbadora, local o extranjera, los soldados rasos nazis avanzaban, aceptando los símbolos, la ideología y los slogans con los que todos los instrumentos de la propaganda moderna motorizada los aturdían, olvidando todo lo demás en la exaltación que los embargaba al abrazar su nuevo destino. Para ellos, la democracia se había tornado tediosa, intolerable. Sin permitirnos el ser arrastrados a un análisis demasiado teórico de este movimiento colectivo, de todas formas percibimos en él un poderoso trasfondo propio del siglo XX, hacia algunas de cuyas fases el filósofo español Ortega y Gasset ha llamado la atención. Estos jóvenes nazis están orgullosos de su ignorancia, de su desprecio por el talento y los logros de los especialistas. Al igual que los jóvenes obreros soviéticos hace unos años, también se sienten orgullosos de estar libres del peso de la propiedad, orgullosos de pasar hambre. Partículas de la masa que ha de gobernar el mundo, los alienta hacia adelante algún impulso cósmico que tanto sus líderes como sus enemigos manifiestan francamente y que ningún extranjero podría comprender ni mucho menos, desafortunadamente, explicar.

La mentalidad de los líderes Nazis es, principalmente, una intensificación de los instintos y sentimientos de las masas nazis. Entre ellos, como entre quienes los siguen, existen elementos de idealismo, de romanticismo, de entusiasmo, de ingenuidad. Encontramos también elementos en común en la búsqueda de aventuras, poder, venganza y lucro a expensas de competidores y rivales. Al leer las declaraciones intencionadas de ciertos jefes Nazis, sospechamos que también debe haber algo de sadismo, el equivalente de lo que en la masa se expresa como sed de sangre. Y, por supuesto, todas las clases y grupos comparten una reacción contra lo que el principal asesor financiero del partido caracterizó ante este escritor como "capitalismo salvaje": la especulación, el ciclo de ganancias vertiginosas y pérdidas temibles, la corrupción, el poder del dinero y de los bancos. Además, lo que en las bandas que rondan por las calles a menudo no es otra cosa que intolerancia y orgullo machista de su ignorancia, se refleja en paralelo en los líderes intelectuales, -que no son muchos, dicho sea de paso- bajo la forma de un impulso de abjurar de la razón y del clasicismo sereno, de escapar de Apolo. No es necesaria aquí una descripción especial de dicho impulso, puesto que en muchos países se han producido manifestaciones de insatisfacción con la ciencia y las normas clásicas tanto en el arte como en la política social.

Es necesario agregar algo sobre otra característica del discurso de los líderes Nazis, sin importar que ello dé pie a la exageración y el error: se trata del misticismo teutónico propio del siglo XX, que podría llamarse Wotan de segunda mano. La forma en que se manifiesta actualmente parece provenir de Houston Stewart Chamberlain, que predicaba el conflicto entre razas y la invencibilidad del rubio héroe teutón. Pero el superhombre alemán fue derrotado en la guerra, o no era un superhombre, o existe una excusa. La excusa se personifica en el judío, el traidor interno. Hay que extirparlo, junto con los liberales blandos que lo ayudaron a traicionar a Alemania. ¡Y he aquí que el héroe de los Nibelungos sabrá, una vez más, cómo enfrentar a sus enemigos! Si tomamos, junto con las enseñanzas raciales de Chamberlain, el desprecio por la democracia que se desprende de Spengler, y que conlleva la sugerencia de explotar a las masas como un medio para alcanzar el poder, contaremos con dos claves fundamentales para desentrañar los procesos mentales del nazismo. El concepto mencionado en Segundo lugar ha permitido a los líderes nazis descartar y encadenar a las masas, dado que ya están encadenadas, aunque todavía no lo saben, con tanta firmeza como las masas de la Unión Soviética están uncidas a la carroza de una dictadura autoelegida, e impotentes para encontrar armas o instrumentos que les permitan liberarse; impotentes hasta para gritar. El primer concepto, esperan, les permitirá construir un teutonismo puro y completo, listo para avanzar invicto por el mundo en pos de su misión señalada.

III

Dados estos orígenes, ¿hay razón para sorprenderse de que, en sus comienzos, la política exterior del nazismo fuera extremadamente primitiva? En el momento en que llegaron al poder, había muy pocos, sin importar su rango, que hubiesen pisado suelo extranjero, y probablemente ninguno cuya concepción del mundo se correspondiera con la realidad. Recorriendo estrados de una punta a la otra, o encerrados con sus micrófonos, constantemente predicando con sus voces roncas o planificando la estrategia de una guerra política violenta, no habían tenido suficiente tiempo de volver la mirada sobre las fronteras para ver algo más que masas ceñudas de tropas enemigas y nubes de aeroplanos en el horizonte. Sus hechos consistían en deseos y palabras; la fuerza era la medida de su éxito. No cabía esperar que, cuando la responsabilidad de dirigir la política exterior de una gran nación cayó repentinamente sobre sus hombros, fueran a adoptar una metodología menos impaciente o impetuosa que la que acababa de lanzarlos al éxito en su propio país.

Dicha metodología se hizo evidente en las declaraciones, públicas y privadas, de los representantes alemanes ante la Conferencia del Desarme realizada en abril y principios de mayo, y en las del Canciller Hitler y otros nazis notables durante el mismo período. Así, en una conversación con este autor el 27 de abril, el Canciller Hitler manifestó que habría sido más honesto por parte de los Aliados el haberle negado a Alemania los 100.000 soldados permitidos por el Tratado de Versalles, puesto que eran inútiles a los fines de protección y solo servían para proporcionar a los países vecinos la excusa de tildar a Alemania de chauvinista; que asignarle un número de hombres tan insuficiente era claramente "una estafa"; que la igualdad de armamento era un sine qua non de su política, y que dudaba de que el desarme gradual de los países linderos con Alemania y el rearme gradual de ésta, pari passu, incluyendo fortalezas y otros medios de defensa, pudiera cerrar la brecha al punto de satisfacer las necesidades de Alemania. El Ministro de Relaciones Exteriores von Neurath fundamentó las claras implicancias de esta línea argumental cuando, el 11 de mayo, anunció que, haciendo caso omiso de las conclusiones de la Conferencia para el Desarme, Alemania se proponía crear una fuerza aérea naval y militar, armarse con cañones de gran porte, y aumentar el número de sus soldados. Dos días después, el discurso beligerante del Vicecanciller von Papen en Münster parecía haberse estructurado para reforzar la determinación de que el pueblo alemán no se conformaría con ningún otro rumbo.

Pero el 11 de mayo, el mismo día en que el Barón von Neurath publicaba su interpretación de las intenciones de Hitler, Lord Hailsham, Secretario Británico de Estado para la Guerra, expresó, en la Cámara de los Lores, el creciente temor del mundo de que Alemania precipitara una nueva carrera armamentista mientras la Conferencia para el Desarme todavía estaba reunida en Ginebra, y dio voz a la decisión de Inglaterra de impedir ese resultado. En tono pausado mencionó la palabra "sanciones". La prensa alemana había descartado la advertencia que Sir Austen Chamberlain había hecho a Alemania en su discurso del 13 de abril como "propaganda francesa", así como las claras consecuencias de los sucesos de Rosenberg ocurridos en la segunda semana de mayo. Pero aquí se trataba de algo diferente. Por añadidura, el Signor Mussolini, no poco espantado por el clamor universal contra su aliado, ahora le enviaba severas advertencias, haciéndole saber que la solidaridad de Italia no se extendería al punto de involucrarse en una lucha contra las fuerzas unidas de Francia e Inglaterra. Al mismo tiempo, daba a entender que la persecución a los judíos implementada por los nazis había tergiversado la doctrina fascista y había sido un error táctico. "Usted se ganó la enemistad de todos los judíos del mundo" –le dijo a Hitler– "y también la de los cristianos". Esta fue la primera prueba importante que Hitler tuvo que enfrentar en el campo de las relaciones exteriores, y se mostró más ágil de lo que esperaban sus detractores. Valiéndose del mensaje que el Presidente Roosevelt dirigió al mundo, lo aprovechó hábilmente para cubrir su retirada. Mientras el presente artículo está en vías de escritura, el mundo espera evidencia que demuestre si el discurso al Reichstag del 17 de mayo fue una maniobra o si implica un cambio de opinión que llevará a la postergación del rearme de Alemania.

¿Qué quieren los Nazis además del rearme o de la igualdad de armamento? Pues quieren el Anschluss con Austria. Quieren que Polonia les devuelva el Corredor y la Silesia, y que Danzig renuncie a su condición de Ciudad Libre. Quieren que, en un futuro cercano, Dinamarca les devuelva Schleswig del Norte, [v] que Lituania les devuelva Memel, que Bélgica les devuelva Eupen y Malmedy, y recuperar las antiguas colonias alemanas de manos de los países en cuyo poder se encuentran ahora. Huelga decir que cuentan con recibir el Saar después del plebiscite de 1935[vi] Se hace mención indirecta de la Alsacia, como cuando el 7 de mayo, el Primer Ministro nazi de Bavaria declaró que los nazis jurarían "no descansar hasta que el Rin vuelva a desembocar en el mar como un río alemán y no como una frontera de Alemania". Si los líderes Nazis están pensando en el Tirol del Sur, no lo dicen… por el momento. Como los libros de texto Nazis proclaman el derecho y el deber de recurrir a la fuerza para cumplir con las metas Nazis, y como el uso de la fuerza para lograr el primero y principal de sus objetivos implicaría la guerra, y dado que, necesariamente, Francia tomaría parte en esa guerra si no se resigna con pasividad a que se encarguen de ella luego, no puede argüirse que el programa nazi excluya una guerra en toda Europa. Conscientes de ser superhombres, y habiéndose asegurado de que los pacifistas y traidores judíos no volverán a apuñalarlos por la espalda, no dudan de que, llegado el momento, pueden ganar esa guerra. No es necesario, entonces, hablar claramente sobre la Alsacia o susurrar las palabras "Tirol del Sur", pues ambas caerán en manos alemanas por la lógica de los acontecimientos y la ley de gravedad.

Respecto de la abolición de la llamada cláusula de culpabilidad de la Guerra incluida en el Tratado de Versalles, a los Nazis parece preocuparles mucho menos que a von Papen en su momento. El quería que se le concediera la anulación de la cláusula para traer un trofeo, añadido a la finalización del pago de las reparaciones de guerra, a su regreso de Lausana. Los Nazis exhiben tantos cueros cabelludos colgando de sus cinturones que en este momento no sienten la necesidad de trofeos de valor sentimental.

Que la anexión de Austria ocupe el primer lugar entre las metas territoriales de los Nazis se debe a que, hasta hace poco, pensaban que era la más fácil de lograr, tanto por la proximidad de Austria a la base de operaciones ubicada en Baviera como por el origen austríaco de Hitler. La situación en Austria ha sido tan tensa, los conflictos entre los Socialistas Cristianos y los Socialdemócratas tan encarnizados, que los nazis bien pueden haber creído que pronto sería factible un putsch inesperado. Y por cierto, en las semanas siguientes a la victoria de Hitler, el poderío nazi en Austria tuvo un crecimiento sostenido. Naturalmente, el

Partido Pangermánico se pasó al nazismo en masse, y lo siguieron muchos partidarios del Canciller Dollfuss y jóvenes socialdemócratas que acusaban a sus líderes de inacción y estupidez por haber creado las circunstancias que permitieron que Dollfuss (quien encabezaba un partido minoritario) accionara sin control del Parlamento. Pero los reclutas de mayor importancia provenían del Heimwehr, que en Styria aceptó el programa nazi en su totalidad y en Tirol gran parte del mismo.

Para hacer frente a la amenaza nazi, el Canciller Dollfuss podía elegir entre dos cursos de acción: superar a los Nazis en la campaña contra el comunismo, al tiempo que buscaba el apoyo de la Italia fascista (nada ansiosa de ver una Alemania engrandecida sobre el Brenner y contemplando las aguas azules del Adriático desde Trieste), o acordar algún tipo de armisticio con los socialdemócratas, cuya meta ha sido evitar tanto el Anschluss como la restauración de los Habsburgo; disponer que Austria se mantuviera neutral, como Suiza, e ingresarla en algo así como una confederación del Danubio donde pudiera cumplir con su rol tradicional de intermediaria ente el este y el oeste. Con la neutralidad benevolente de los socialdemócratas, sostenida desde fuera por la Liga, Dollfuss habría tenido una buena oportunidad de esperar con éxito que la opinión pública austríaca – notoriamente voluble– se decepcionara con el desempeño nazi en Alemania. Al elegir la primera opción, es probable que él mismo haya complicado su tarea. Evidentemente, el riesgo es que no tenga la fuerza suficiente para combatir en dos frentes al mismo tiempo, y que termine fagocitado por los nazis o que, para evitarlo, cumpla los deseos de Italia y se arroje a los brazos de los legitimistas que quieren a Otto en el Hofburg. Si se diera el primero de los casos –es decir, si Dollfuss acabara engañando a von Papen– el Anschluss se consumaría cuando Hitler lo encuentre conveniente. Si se diera el segundo, el mayor éxito le correspondería a Italia. Habría evitado el Anschluss y la creación de una confederación del Danubio; habría anulado la solidez de la

Pequeña Entente al aislar a Yugoslavia y establecer un foco de atracción (Habsburgo y católico) para los croatas descontentos con el gobierno de Belgrado. Antes de que Checoslovaquia y Yugoslavia aceptaran semejante novedad, Europa habría tenido, si no una guerra, un pánico de guerra de primer orden.

Mientras tanto, cada noche, todas las emisoras radiales de Alemania continúan vociferando sus mensajes a través de la frontera con Austria: se han enviado armas y fondos para ayudar a la causa nazi, especialmente en el Tirol, y se cuida que en toda demostración nazi en Alemania los representantes austríacos del movimiento ocupen un lugar prominente. Como dijera Herr Rosenberg recientemente: "La primera etapa de la gran revolución alemana solo concluirá cuando el nacionalsocialismo constituya los cimientos del pensamiento de 80.000.000 de alemanes". La población del Reich alcanza los 65.000.000 millones; la de Austria, 6.500.000. Se llega a la cifra mencionada, presumiblemente, contabilizando el Danzig, partes del territorio actual de Polonia, y otras tierras todavía no redimidas. El Dr. Frick, Ministro nazi del Interior, subió la apuesta a 100.000.000 en su discurso del 9 de mayo, cuando señaló que "un tercio de la totalidad de los alemanes vive fuera del Reich", añadiendo las especificaciones necesarias para comprender una declaración hecha por Hitler alrededor de una semana atrás, en la que expresaba que "la revolución se habrá completado solo cuando todo el mundo alemán se reconfigure desde dentro y desde fuera". Las radios alemanas transportan las voces de Hitler, Goebbels, y los otros a través de las fronteras orientales también, y causan un efecto especial en la Ciudad Libre de Danzig. A esta ciudad, habitada exclusivamente por alemanes, se le concedió una posición independiente para que funcionara como puerto polaco. Desde el principio, se suscitaron disputas entre Polonia y el gobierno de la ciudad. Los habitantes de Danzig se quejaban de que Polonia los sometía a una competencia desleal, de la mala administración de los ferrocarriles, y de la supuesta intención de polonizarlos y absorberlos gradualmente. Polonia se quejaba de los obstáculos que se interponían a sus comerciantes, banqueros, y agentes marítimos que deseaban establecerse en Danzig. Las discusiones permanentes y el recuerdo de las dificultades con las que se había enfrentado cuando necesitó importar armas a través de Danzig en julio de 1920 para llevar adelante la guerra contra la Rusia soviética condujo a que, en 1924 y 1925, Polonia construyera un puerto exclusivamente polaco en Gydnia. La energía y el éxito con los que impulsó este emprendimiento fueron extraordinarios, a tal punto que hoy el orgulloso puerto de Gydnia divide el comercio marítimo de Polonia en partes iguales con su antiguo rival, tomando el tonelaje como unidad de medida, y maneja una parte aun mayor del comercio más lucrativo: las mercaderías al menudeo. En consecuencia, Danzig languidece, el desempleo aflige a 40.000 personas sobre una población de 400.000, y ya no existen dudas en la mente de los habitantes de Danzig que, en su afán de monopolizar el comercio en tránsito y evidenciar su resentimiento hacia el tratamiento despótico de Polonia se han pasado de la raya y ahora se enfrentan a una situación de precariedad que finalmente los llevará a la ruina. Ya demasiado tarde, se dan cuenta de que su destino será el de Riga, Libau, Fiume, y otros puertos que perdieron la posibilidad de contemplar las tierras a las que pertenecen extendiendo la mirada más allá del mar.

Si Danzig volviera a integrar Prusia del Este a consecuencia de algún desesperado golpe de estado que no lograra también reubicar el Corredor Polaco y Gydnia dentro de territorio alemán, se apresuraría el desastre, puesto que todo lo que Danzig podría esperar en tales circunstancias sería repartirse el magro comercio local de Prusia del Este con Königsberg. El programa nazi "De regreso al Reich" no ofrece, entones, una solución práctica al dilema sino un desarrollo que excita los sentimientos de la ciudad hacia

Alemania y provoca una sensación de desesperación. Este autor pasó algunos días en Danzig durante la campaña que precedió a las elecciones del 28 de mayo. Las banderas nazis ondeaban por doquier, los automóviles se desplazaban a gran velocidad transportando mensajeros de camisa parda y, para cumplir con la letra de la ley, que prohíbe las reuniones políticas, se celebraban eventos deportivos o conciertos a diario. En ellos, luego de los preliminares legales y necesarios de las exhibiciones calisténicas o de la música patriótica, se sintonizaba radio Berlín. Esta propaganda intensiva arrasaba, asegurando a los Nazis el derecho de organizar la Dieta y establecer la administración de la ciudad. El líder de los Nazis de Danzig[vii] le dijo a este autor que Danzig permanecerá "segura para Alemania", lista para reincorporarse al Reich cuando y si Hitler así lo decide. En otras palabras, aquí como en Austria, Hitler se propone asegurar su dominio, y enardecer o calmar al populacho según convenga a sus planes, irritar o pacificar a sus enemigos extranjeros según sea oportuno para otros aspectos de su política exterior, y esperar el momento propicio en que pueda vérselas con Polonia con firmeza, aniquilar el Corredor, y (en sus propias palabras), "todo vuelva a ser Alemania".

El nacionalsocialismo perdurará en Alemania, tal como las dictaduras soviéticas y fascistas han perdurado en Rusia e Italia. Es razonable afirmarlo, aunque el programa nacional todavía apunta mayormente a un objetivo negativo –la aniquilación del enemigo– y por ende aún no se ha probado en una función constructiva: la capacidad de gobernar. Sin embargo, ya podemos discernir varias fuentes posibles de futura debilidad. En primer lugar, el partido ha crecido con tal rapidez, su llegada al poder ha sido tan repentina, que le falta homogeneidad. El hecho histórico de que las divisiones que se dieron en las filas de los fascistas italianos y los comunistas rusos fueron superadas no significa necesariamente que divisiones entre las filas nazis también lo sean. Entre los diecisiete millones de personas que votaron la boleta nazi el 5 de mayo debe haber muchos a quienes ya incomoda el tratamiento que el nuevo régimen da a sus enemigos y la violación de los antiguos estándares alemanes de la ley y la justicia. El incendio del Reichstag impresionó muchísimo a los votantes en vísperas de la elección. Pero las pruebas de que fue causado por los comunistas (que se prometieron publicar en los días subsiguientes) no aparecieron, y ahora hay quienes se preguntan si toda la amenaza comunista no fue un engaño. No obstante, hasta el presente, los titubeos individuales han sido más que compensados por la corrida general hacia el carro nazi.

En este momento, la posibilidad de divisiones entre los líderes Nazis es mucho más real que cualquier atisbo de división entre sus masas. Ya se vislumbran dos tendencias. El ala conservadora está representada por el mismísimo Führer. Fue él quien argumentó en contra del boicot a los judíos en las reuniones partidarias. Aunque rechazó las propuestas de algunos de sus colegas que proponían un boicot prolongado, finalmente se persuadió de que un boicot que durara un día resultaba indispensable para dar salida al odio acumulado que la maquinaria de propaganda nazi había desparramado y para evitar persecuciones "indisciplinadas", saqueos y, muy posiblemente, un pogrom generalizado. Decir esto equivale a admitir dos hechos importantes: que en esta ocasión en particular las masas Nazis estaban fuera de control y había que satisfacerlas, sin importar las consecuencias, y que había división de voluntades entre los líderes[viii] Por otra parte, no es un secreto que la influencia del Dr. Schacht sobre el régimen consiste, en gran parte, en el peso que sus opiniones ejercen sobre la persona de Hitler. Esto puede resultar importante en las reuniones del partido cuando hay que tomar decisiones económicas y financieras difíciles para meses venideros. Asimismo, en una reunión privada entre líderes del partido que se llevó a cabo en Munich la última semana de abril, Hitler advirtió que la primera tarea era la consolidación interna, y que hablar de la recuperación de territorios perdidos debía posponerse hasta que la situación interna de Alemania se hubiera fortalecido, hasta que el orden del día pudiera ser la acción y no la mera retórica. Pero la psicología del círculo íntimo con el que viene trabajando en los últimos años es lo opuesto a este tipo de moderación, aun si las razones para ejercerla fueran solo tácticas.

No exactamente contrarios a Hitler, pues hasta ahora nadie se atreve a oponérsele, pero sí sospechados de favorecer métodos más peligrosos e inflamatorios que los suyos, hay hombres como el Capitán Göring, jefe de estado de Prusia, el Dr. Goebbels, jefe del nuevo Ministerio de Propaganda, algunos ministros bávaros cuyos puntos de vista ya fueran citados, y los jefes de diversos centros de las S.A. El discurso torrentoso, si bien cuidadosamente formulado, que el Dr. Goebbels transmitió por radio la noche anterior al boicot debe ser leído para percatarse del alcance de su voluntad y habilidad para incitar sutilmente a la violencia. Hombres como estos bien pueden sentirse tentados de incitar a las multitudes, o de flotar con ellas si sus demandas se radicalizan, inclusive mientras fingen aceptar las decisiones que Hitler toma para el partido. Después de todo, se trata menos de una cuestión de dirección que de velocidad e intensidad. También podrían elevar a Hitler a la presidencia (o, ha llegado a sugerirse, a alguna altura religiosa inaccesible) e intentar gobernar en su nombre. O, si el programa de los Nazis más moderados (es decir, menos impacientes) no alcanza a cumplir con las expectativas populares, los extremistas podrían arrastrar al partido a una política de aventura inmediata y, mediante un golpe desesperado, echar abajo todo lo que apuntala la paz en Europa. Hoy es imposible oponerse abiertamente a Hitler. Cualquier decepción que el país sufriera en su persona destruiría el movimiento por completo. Pero estamos solo ante los meses inaugurales de una larga lucha por conseguir y conservar el monopolio del poder. Los cálculos del observador no deben excluir las posibilidades de una división de voluntades en el corazón mismo del partido nazi más adelante

Entre los efectos económicos del ascenso de los Nazis al poder se cuentan la reducción del mercado para productos alemanes en muchos lugares del mundo, la renuencia de muchos a viajar en naves alemanas, a enviar mercaderías por rutas alemanas, a patrocinar películas alemanas, o a visitar el país para estudiar o hacer turismo. También desisten de abrir fábricas o sucursales las compañías extranjeras que planeaban hacerlo, y ello por la discriminación que los Nazis ejercen contra empresas de capitales extranjeros; hay incertidumbre y desconfianza entre los capitalistas nativos que podrían instalar nuevas compañías; una tendencia generalizada a acumular efectivo antes que gastarlo en tiempos tan inciertos y, hasta cierto punto, una fuga de capitales, sea porque los judíos y otros han huido, o para prepararse para la propia partida en caso de que, más adelante, se pueda encontrar la forma de cruzar las fronteras.

Todos estos son acontecimientos dolorosos en un país donde 6.000.000 de personas carecen de empleo, y que ha podido sobrevivir en los últimos años gracias a una balanza de comercio favorable. Las cifras que arroja el comercio para los dos meses posteriores a las elecciones ya están disponibles. En marzo, las importaciones sumaban 362.000.000 marcos oro, y las exportaciones, 426.000.000 marcos oro. En abril las importaciones habían caído a 321.000.000 marcos oro y las exportaciones a 382.000.000 marcos oro. El año pasado registró importaciones por 364.000.000 marcos oro y exportaciones por 516.000.000 en marzo, importaciones por 427.000.000 marcos oro y exportaciones por 472.000.000 marcos oro en abril. Queda claro que el año pasado las importaciones aumentaron entre marzo y abril, algo natural (tratándose de un país que importa grandes cantidades de materia prima) en primavera. Sin embargo, este año las importaciones disminuyeron. Sin duda la explicación reside en que, a fin de mantener una balanza comercial favorable, el Reichsbank tuvo que restringir la importación de materia prima. Inevitablemente, esto se traducirá en una mayor caída de las exportaciones. El Dr. Schacht viajó a los Estados Unidos de Norteamérica en mayo con la esperanza de conseguir un empréstito para financiar las exportaciones alemanas. No tuvo éxito. Resulta evidente que la economía alemana se encuentra en una situación precaria.

A todo esto, la situación de los trabajadores no ha mejorado. Por lo que se ve, el desempleo no ha disminuido. Las cifras oficiales muestran una caída en el número de desempleados que va de 6.000.958 en febrero, el mes anterior a la victoria nazi, a 5.598.855 en marzo, lo cual representa una mejora de un 33 a un 30,7 por ciento entre los trabajadores sin empleo. Es dudoso que dicha mejora responda a la realidad. En parte es estacional, y en parte se debe a que muchos que integraban las listas de los desempleados fueron puestos al servicio de las S.A., mientras que otros fueron eliminados de las listas de quienes recibían ayuda del estado por ser sospechados de apoyar ideas políticas "antialemanas". Mientras el gobierno publicaba cifras que muestran un descenso del desempleo, los sindicatos informaron que los porcentajes de desocupación se habían incrementado de un 47,4 por ciento en febrero a un 52,7 en marzo. Es difícil imaginar cómo el gobierno de Hitler va a pagar a sus partidarios, cumplir con la promesa de mejorar la situación de la agricultura versus la de la industria, y traer tiempos mejores, a menos que lo intente mediante planes sociales que pueden resultar riesgosos en momentos de tensión política tan elevada.

La cuestión de la inflación en los Estados Unidos de Norteamérica proporciona a Berlín otra causa de aprensión. Alemania atravesó momentos muy malos de inflación sin control, y conoce el amargo final así como los inicios gratos. Bajo la dirección del Dr. Schacht, el Reichsbank, al igual que la opinión dominante en el país, se opone rotundamente a una nueva inflación, inclusive si los Estados Unidos proponen unirse con Inglaterra para ofrecer sus productos al mundo a menor precio debido a la devaluación del dólar. ¿Alemania podría resistirse mucho tiempo si la mayor parte del mundo tomara ese camino? ¿Y qué ocurriría con sus exportaciones si se resistiera? La inflación es algo de lo que ningún gobierno alemán, ni siquiera nazi, confiaría en salir ileso. Las decisiones a tomar a este respecto quizá impliquen otra amenaza al poder y la popularidad del nazismo.

Hasta el momento, solo unos pocos líderes Nazis han tenido el tiempo o sentido la necesidad de prestar atención a estos obstáculos futuros. Se encontrarán frente a algunos de ellos muy pronto, durante el período de "ensayo y error" en el que están ingresando. Pero, por ahora, la revolución todavía sigue su curso y las emociones son febriles. Todo un pueblo ha recibido una dosis de vacuna. A todo propósito práctico, la vacuna ha prendido.

V

Otro de los nuevos estados democráticos de Europa ha retrocedido frente a la ola dictatorial. ¿Debemos inferior que la democracia occidental, como se la conoce en Inglaterra, Francia, y los Estados Unidos, ha sido derrotada? Lo cierto es que solo ha perdido la apariencia de una victoria que nunca conquistó. En las tierras de los Hohenzollern, los Habsburgo, y los Romanoff, el terreno todavía no estaba preparado para la democracia. No puede negarse que la antigua Alemania era un estado de derecho. Había libertad de pensamiento, de prensa, confianza de obtener justicia si uno se mantenía dentro de la ley. Pero en lo alto había una fuerza brutal, militarista y autocrática, con el poder de enviar a Alemania a la muerte, y dispuesta a dar la orden cuando creía que así lo demandaban sus intereses o prestigio.

La República de Alemania era una planta endeble. Sus semillas fueron apresuradamente plantadas a una pulgada de la superficie, y debajo había una docena de capas inamovibles, comprimidas y solidificadas por la tradición y las costumbres. La servidumbre impuesta por un tratado de paz punitivo, la mortificante preponderancia de Francia y sus aliados europeos, las penurias económicas que sucedieron a la derrota y la inflación impedían su crecimiento. A quienes la cultivaban, desde Ebert y Schneidermann, pasando por Stresemann y Brüning y llegando a von Papen y von Schleicher, cada vez les importaba menos salvarla. Ni tampoco le importaba a la bien intencionada campaña de la prensa liberal extranjera rectificar la importancia extrema que el mundo había adjudicada al papel que Alemania jugó en el estallido de la guerra, una campaña que encubrió al Gobierno Imperial adoptando una actitud tan poco crítica como condenatoria había sido la de Lloyd George en una encarnación anterior, y que no facilitó en absoluto la labor de los líderes republicanos sinceros. Pero el factor determinante para la muerte de la República fue la falta de nutrientes desde las capas inferiores. Como le dijera un alemán eminente a este autor hace dos o tres años: "Creamos una república; pero no había republicanos".

El pueblo alemán llegó a creer que su posición era innoble, intolerable, y que no podía corregirse sino mediante la fuerza. Inclusive sus mejores líderes (Stresemann entre ellos) temían señalar cuánto iba mejorando su posición en Europa un año tras otro. Apenas si se daban cuenta de que el odioso tratado se venía revisando en muchos aspectos cruciales (la evacuación de la Renania, el fin de los controles militares, el acceso a la Liga, la cancelación virtual de las reparaciones de guerra). No veían que Francia, su tradicional enemiga, se tornaba notablemente menos agresiva, que ya había reconocido la necesidad de dar el gran paso siguiente en la revisión del tratado –el visto bueno a la igualdad de derechos– y que la etapa siguiente sería el desarme progresivo.

Von Papen y von Schleicher se preparaban para romper abruptamente con la metodología de apaciguamiento y revisión por etapas que Stresemann, tan alemán como cualquiera de ellos, había puesto en práctica con evidencias concretas de éxito. Fue Hitler, dirigiéndose al pueblo con una elocuencia y desenfreno de los cuales ninguno de los otros era capaz, quien, de hecho, produjo la ruptura. Rememorando el estado del pueblo alemán en la posguerra, teniendo en cuenta su estructura psicológica, y recordando que aunque diez años son pocos en la vida de una nación parecen muchos en la de los individuos, vemos ahora lo inevitable de esa ruptura tarde o temprano.

Habiéndole dado al pueblo alemán la oportunidad de deshacerse de parte de su cúmulo de resentimiento, odio, y envidia, y habiendo calculado, desde el nuevo punto de vista que le proporcionaban el poder supremo y la responsabilidad, el costo de una política revanchista desesperada, ¿puede Hitler decidir el regreso gradual a las metodologías revisionistas que aplicaron algunos de sus predecesores? Si lo hace, ¿será posible para Francia, cuyos temores vividos durante la guerra revivieron a la luz de los acontecimientos de estas últimas semanas, regresar al camino de la conciliación con la rapidez suficiente para que los elementos (hipotéticamente) moderados del partido nazi retengan el control del movimiento? No será fácil que Francia crea en la buena fe de una Alemania que ha venido hablando y obrando como la Alemania nazi; que haga a Hiler concesiones que no se encontraba dispuesta a hacer a Stresemann ni a Brüning. Y si rehúsa aceptar rápidamente el ofrecimiento de colaboración de Alemania (suponiendo que se hiciera), acaso las masas alemanas, por cierto "despertadas", ¿permitirían que Hitler demorara el rearme, independientemente de lo que ocurrió en Ginebra? Al sentirse fortalecidas, ¿se abstendrán de mostrar faits accomplis en Austria y Danzig y el Saar y dondequiera que las condiciones locales jueguen a su favor?

Hay otro signo de interrogación que no puede ignorarse. El nacionalsocialismo representa un poderoso baluarte contra el bolchevismo. Sin embargo, lucha utilizando los mismos métodos que el enemigo: la represión, el miedo, la propaganda, el aislamiento del pensamiento y de la opinión del resto del mundo. Una junta administrativa a la que no se cuestiona ejerce el control total del estado, en lo funcional y lo espiritual. Con un giro del dial, la radio ejecutaría la versión alemana de la Internacional Comunista en todas sus estaciones, tal como ahora transmite las marchas nazis. Dando una orden, las S.A. se convertirían en el Ejército Rojo. Semejante transformación no sería producto del azar. Sucedería porque Hitler, o sus colegas, o sus sucesores, así lo planearon a modo de salida de un fracaso inminente, para evitar la ira de un pueblo al que se le ha prometido pan y se le han dado piedras.

Con estos temores e interrogantes observamos lo que ocurre cada día en Alemania. A tres meses de la revolución nazi no podemos simular la existencia de pruebas que calmen nuestros miedos, ni que nuestras preguntas encuentren respuesta concluyente alguna.

[i] Cf. Discurso del Vicecanciller von Papen en Münster el 13 de mayo, glorificando la pasión por la muerte en batalla de los teutónicos medievales. Dijo: "Las madres deben agotarse para dar vida a sus hijos. Los padres deben combatir en el campo de batalla para asegurarles el futuro". Y añadió que Alemania había eliminado la palabra pacifismo de su vocabulario.

[ii] Hasta ahora, no se les ha dado a los estudiantes el derecho de despedir

V. El nacionalismo y la vida económica

Por Leon Trotsky
Abril de 1934

El fascismo italiano ha proclamado al "egoísmo sagrado" como el único factor creativo. Después de reducir la historia de la humanidad a la historia nacional, el fascismo alemán procedió a reducir el concepto de nación al de raza, y el de raza al de sangre. Además, en aquellos países que no se elevaron —o, mejor dicho, que no descendieron— al fascismo, los problemas de la economía se encorsetan cada vez más en marcos nacionales. No todos poseen el coraje de inscribir abiertamente la palabra "autarquía" en sus estandartes, pero en todas partes la política es conducida hacia una segregación de la vida nacional, lo más hermética posible, alejándola de la economía mundial. Hace solo veinte años todos los textos escolares enseñaban que el factor más poderoso para la producción de riqueza y cultura se encuentra en la división internacional del trabajo, alojada en las condiciones naturales e históricas del desarrollo de la humanidad. Ahora resulta que el intercambio entre países es la fuente de todas las desgracias y peligros. ¡Virar rumbo a casa! ¡De regreso a la chimenea nacional! No solo debemos corregir el error del Almirante Perry, que cerró la brecha de la "autarquía" japonesa, sino también enmendar el error de Cristóbal Colón, mucho más grave, que tuvo por consecuencia la desmesurada extensión del espacio ocupado por la cultura humana.

El valor duradero de una nación, descubierto por Mussolini y Hitler, ahora se contrapone a los falsos valores del siglo XIX: la democracia y el socialismo. Aquí también se produce una contradicción irreconciliable con los viejos textos básicos y, peor aún, con los hechos irrefutables de la historia. Solo una ignorancia brutal puede establecer un agudo contraste entre la nación y la democracia liberal. En realidad, todos los movimientos de liberación de la historia moderna, empezando, a modo de ejemplo, por la lucha independentista de Holanda, fueron de naturaleza liberal y democrática. El despertar de las naciones oprimidas y desmembradas, su lucha para reunir sus partes desperdigadas y sacudirse el yugo extranjero, habrían sido imposibles de no estar acompañadas por la lucha por la libertad política. La nación francesa se consolidó en las tormentas y tempestades de la revolución democrática que tuvo lugar a fines del siglo XVIII. Italia y Alemania emergieron como naciones tras una serie de guerras y revoluciones en el siglo XIX. El imponente desarrollo de la nación estadounidense, que recibió su bautismo de libertad en el alzamiento del siglo XVIII, se consolidó finalmente en la Victoria del Norte sobre el Sur durante la Guerra Civil. Ni Mussolini ni Hitler descubrieron el concepto de nación. El patriotismo, en sentido moderno o, más precisamente, en sentido burgués, es producto del siglo XIX. La conciencia nacional de los franceses es, quizás, la más conservadora y estable de todas, y hasta el presente abreva en las fuentes de la tradición democrática.

Pero el desarrollo económico de la humanidad, el que derrocó el particularismo medieval, no se detuvo ante los límites de las naciones. El crecimiento del intercambio internacional ocurrió en paralelo con la formación de las economías nacionales. La tendencia de dicho desarrollo –al menos para los países avanzados– encontró su expresión en el deslizamiento del centro de gravedad desde el mercado interno hacia los mercados extranjeros. El siglo XIX quedó marcado por la fusión entre el destino de la Nación y el destino de su vida económica, pero la tendencia básica de nuestro siglo es la creciente contradicción entre la nación y la vida económica. En Europa, esta contradicción ha adquirido una gravedad intolerable.

El desarrollo del capitalismo alemán tuvo un carácter sumamente dinámico. A mediados del siglo XIX, el pueblo alemán se sentía sofocado en las jaulas de varias docenas de patrias feudales. A menos de cuatro décadas de la creación del Imperio Alemán, la industria del país se ahogaba en el marco del estado nacional. Una de las principales causas de la Guerra Mundial fue el denodado esfuerzo del capital alemán para liberarse e ingresar a un campo más amplio. Hitler luchó en ella con el grado de cabo, en el período 1914-1918, no para unir la nación alemana sino en nombre de un programa imperialista supranacional, expresado en la famosa fórmula "organizar a Europa". Unificada bajo la dominación del militarismo alemán, Europa se habría convertido en el terreno a perforar en pos de algo mucho mayor: la organización del planeta entero.

Sin embargo, Alemania no constituía una excepción. Solo expresaba, de modo más intenso y agresivo, la tendencia de cualquier otra economía nacional capitalista. El choque entre estas tendencias desencadenó la guerra. Es verdad que la guerra, como todos los grandes levantamientos de la historia, agitó cuestiones históricas diversas, y de paso dio impulso a revoluciones en los sectores más atrasados del continente –la Rusia zarista y el Imperio Austro-húngaro. Pero estos solo fueron los ecos tardíos de una época ya difunta. La esencia de la guerra era de corte imperialista. Con métodos bárbaros y letales, intentaba resolver un problema de desarrollo histórico progresivo: el de organizar la vida económica en todo el espacio que había sido previamente preparado por la división internacional del trabajo.

Huelga decir que la guerra no solucionó el problema. Por el contrario, atomizó a Europa aún más. Profundizó la interdependencia entre Europa y los Estados Unidos de Norteamérica al tiempo que agudizó el antagonismo entre ellos. Impulsó los movimientos independentistas de países coloniales y, simultáneamente, aumentó la dependencia de las metrópolis respecto de los mercados coloniales. A consecuencia de la guerra, se agravaron todas las contradicciones del pasado. Durante los primeros años de posguerra era posible semicerrar los ojos ante esto, cuando Europa, con la ayuda de los Estados Unidos, se ocupaba de reparar su economía completamente devastada. Pero restablecer las fuerzas productivas inevitablemente implicaba reforzar todos los males que habían conducido a la guerra. La crisis actual, que sintetiza todas las crisis capitalistas del pasado, significa sobre todo la crisis de la vida económica nacional.

La Liga de las Naciones intentó traducir, pasando del lenguaje militarista al de los acuerdos diplomáticos, lo que la guerra no logró resolver. Luego del fracaso de Ludendorff en "organizar a Europa" por la espada, Briand procuró crear "los Estados Unidos de Europa" valiéndose de una almibarada elocuencia diplomática. Pero la serie interminable de reuniones políticas, económicas, financieras, arancelarias, y monetarias solo desplegaron el panorama de la situación de quiebra en que se encontraban las clases dominantes ante la tarea impostergable y abrasadora de nuestra época.

En teoría, dicha teoría puede formularse de la siguiente manera: ¿cómo es posible garantizar la unidad económica de Europa sin dejar de preservar la complete libertad del desarrollo cultural de los pueblos que la habitan? ¿Cómo puede una Europa unificada integrarse a la economía mundial coordinada? La solución reside, no en la deificación de la Nación, sino, muy por el contrario, liberando por completo las fuerzas productivas de los grilletes con los que el estado nacional las ha aprisionado. Sin embargo, las clases dominantes europeas, desmoralizadas por la quiebra de los enfoques militares y diplomáticos, abordan hoy la tarea desde el extremo opuesto; es decir, intentan subordinar por la fuerza la economía al anticuado estado nacional. Se reproduce la leyenda del lecho de Procusto a gran escala. En lugar de despejar un espacio lo suficientemente amplio para las operaciones de la tecnología moderna, los gobernantes cortan y rebanan en pedazos el organismo viviente de la economía.

En un discurso programático reciente, Mussolini aclamó la muerte del "liberalismo económico"; es decir, del reinado de la libre competencia. La idea en sí no es nueva. Hace ya largo tiempo que la época de los fondos fiduciarios, corporaciones, y carteles relegó la libre competencia al patio trasero. Pero resulta mucho más difícil conciliar los fondos fiduciarios con mercados nacionales restringidos que hacerlo con las empresas del capitalismo liberal. Los monopolios devoraron a la competencia a medida que la economía mundial subordinaba los mercados nacionales. El liberalismo económico y el nacionalismo económico pasaron de moda al mismo tiempo. Los intentos de salvar la vida económica inoculándole virus tomados del cadáver del nacionalismo terminan en una septicemia llamada fascismo. Lo que impulsa el ascenso histórico de la humanidad es el deseo de obtener la mayor cantidad posible de bienes con el menor costo de mano de obra. Esta fundamentación material del crecimiento cultural también proporciona el criterio más profundo según el cual podemos evaluar los regímenes políticos y los programas sociales. La ley de la productividad laboral reviste igual importancia en la esfera de la sociedad humana que la ley de gravedad en la esfera de la mecánica. La desaparición de formaciones sociales que han perdido vigencia no es sino la manifestación de esta ley cruel que determinó la victoria de la esclavitud sobre el canibalismo, del trabajo remunerado sobre la servidumbre. La ley de la productividad laboral no se abre paso en línea recta sino de manera contradictoria, con borbotones y espasmos, saltos y zigzagueos, venciendo a su paso barreras geográficas, antropológicas y sociales. De ahí que haya tantas "excepciones" en la historia, que en realidad son solo refracciones específicas de la "regla".

En el siglo XIX, la lucha por la máxima productividad laboral adoptó principalmente la forma de la libre competencia, que mantuvo el equilibrio dinámico de la economía capitalista a través de fluctuaciones cíclicas. Pero precisamente a causa de su carácter progresivo, la competencia ha llevado a una concentración monstruosa de fondos fiduciarios y corporaciones, lo cual a su vez se tradujo en la concentración de contradicciones económicas y sociales. La libre competencia es como una pata que no ha empollado un patito sino un cocodrilo. ¡No es de extrañar que no pueda con su cría!

El liberalismo económico ha sobrevivido a su época con creces. Con convicción decreciente, sus mohicanos apelan a la interacción automática de las fuerzas. Se necesitan nuevos métodos para lograr que los fondos fiduciarios gigantescos se correspondan con las necesidades humanas. Deben producirse cambios radicales en la estructura de la sociedad y de la economía. Pero los nuevos métodos colisionan con los viejos hábitos y, lo que es infinitamente más importante, con los viejos intereses. La ley de productividad laboral se golpea convulsivamente contra las barreras que ella misma erigió. He aquí lo que yace en el corazón de la gran crisis del sistema económico moderno.

Los políticos y teóricos conservadores, a quienes las tendencias destructivas de la economía nacional e internacional tomaron por sorpresa, se inclinan por concluir que el superdesarrollo de la tecnología es la causa principal de los males de hoy. ¡Difícil imaginar paradoja más trágica! Joseph Caillaux, político y financista francés, ve la salvación en poner limitaciones artificiales al proceso de la mecanización. Así, los representantes más ilustrados de la doctrina liberal de pronto se inspiran en las opiniones de aquellos trabajadores ignorantes de hace más de un siglo atrás que destrozaban los telares. La tarea progresiva de adaptar el espacio de las relaciones socioeconómicas a la nueva tecnología está puesta de cabeza, y se la disfraza del problema de cómo contener y reducir las fuerzas productivas de modo de ajustarlas al viejo espacio nacional y a las viejas relaciones sociales. A ambos lados del Atlántico no se desperdicia poca energía mental en resolver el fantástico problema de cómo volver a poner el cocodrilo dentro del huevo de pollo. El nacionalismo económico ultramoderno está irrevocablemente condenado por su propio carácter reaccionario; retrasa y disminuye la fuerza productiva del hombre.

Las políticas de una economía cerrada implican la constricción artificial de aquellas ramas de la industria capaces de fertilizar con éxito la economía y la cultura de otros países. También implican instalar artificialmente aquellas industrias que no cuentan con condiciones favorable para su desarrollo en suelo nacional. La ficción de la autosuficiencia económica provoca, entonces, enormes gastos fijos en dos sentidos. A esto se agrega la inflación. Durante el siglo XIX, el oro como medida universal de valor se convirtió en la base de todo sistema monetario digno de su nombre. Apartarse del patrón oro destroza la economía mundial con mayor éxito del que logran las barreras arancelarias. La inflación, de por sí una expresión de relaciones internas desordenadas y de lazos económicos desordenados entre naciones, intensifica el desorden y contribuye a que pase de ser funcional a ser orgánico. Así, el sistema monetario "nacional" corona la labor siniestra del nacionalismo económico. Los representantes más intrépidos de esta escuela encuentran consuelo en la perspectiva de que la nación, si bien se empobrece bajo una economía cerrada, se "unificará" más (Hitler), y que a medida que disminuye la importancia del mercado mundial también lo hacen las causas que resultarían en conflictos con otros países. Tales esperanzas solo demuestran que la doctrina autárquica es reaccionaria y totalmente utópica. El hecho es que los criaderos del nacionalismo son también los laboratorios de futuros conflictos terroríficos. Como un tigre hambriento, el imperialismo se ha retirado a su guarida nacionalista para preparar un nuevo salto.

En realidad, las teorías sobre el nacionalismo económico que parecen basarse en las leyes "eternas" de la raza solo muestran el grado de desesperación de la crisis mundial: un ejemplo clásico de convertir la necesidad en virtud. Tiritando y sentados en los bancos desnudos de alguna pequeña estación dejada de la mano de Dios, los pasajeros de un tren en pésimas condiciones estoicamente se aseguran los unos a los otros que las comodidades corrompen cuerpo y alma. Y sin embargo todos sueñan con una locomotora que los lleve adonde podrían estirar sus cuerpos fatigados entre sábanas limpias. La preocupación inmediata del mundo de los negocios en todos los países es resistir, sobrevivir de algún modo, aunque sea en coma, sobre el lecho duro del mercado nacional. Pero todos estos estoicos involuntarios anhelan el motor poderoso de una nueva "coyuntura" mundial; una nueva fase económica.

¿Llegará? Las predicciones se vuelven difíciles, si no imposibles, a causa de la presente alteración estructural de todo el sistema económico. Los antiguos ciclos industriales, como los latidos de un cuerpo sano, tenían un ritmo regular. Desde la guerra, ya no vemos la secuencia ordenada de las fases económicas; el viejo corazón se saltea latidos. Por añadidura, existe la política del llamado "capitalismo de estado". Impulsados por intereses impacientes y por peligros sociales, los gobiernos irrumpen en el campo económico con medidas de emergencia cuyos efectos, en la mayoría de los casos, no puede prever. Pero inclusive dejando de lado la posibilidad de otra guerra que afectaría durante largo tiempo la tarea elemental de las fuerzas económicas así como los intentos responsables de un control planificado, podemos prever, sin temor a equivocarnos, el momento crítico en el que la crisis y la depresión se tornarán en un resurgimiento, sea o no que los síntomas favorables que encontramos en Inglaterra y, en cierta medida, en los Estados Unidos, resulten, pasado un tiempo, haber sido golondrinas tempranas que no trajeron la primavera. La obra destructiva de la crisis debe alcanzar el punto —si es que ya no lo ha alcanzado— en el cual la humanidad empobrecida habrá de necesitar un nuevo conjunto de bienes. Las chimeneas humearán, las ruedas girarán. Y cuando el resurgimiento haya avanzado lo suficiente, el mundo de los negocios saldrá de su estupor, olvidará rápidamente la lección de ayer, y desechará con desdén las teorías altruistas y sus autores.

Sería el mayor de los delirios esperar que el alcance del inminente resurgimiento se corresponda con la profundidad de la crisis actual. Los corazones laten a un ritmo diferente en la niñez, en la madurez, y en la vejez. Durante el ascenso del capitalismo, crisis sucesivas tuvieron un carácter fugaz y la disminución temporaria de la producción fue más que compensada en la etapa siguiente. No es este el caso. Ingresamos en una época en la que los períodos de resurgimiento económico son efímeros, mientras que los períodos de depresión se profundizan cada vez más. Las vacas flacas devoran a las gordas sin dejar rastro, y aun así continúan mugiendo de hambre.

Entonces, todos los estados capitalistas se impacientarán con mayor agresividad en cuanto el barómetro económico comience a subir, Las ideas piadosas acerca de las ventajas de la autarquía serán desechadas de inmediato, y los planes sensatos tendientes a la armonía nacional irán a parar al cesto de basura. Esto no aplica solo al capitalismo alemán, o al tardío y codicioso capitalismo japonés, sino también al de América, todavía poderoso a pesar de sus nuevas contradicciones.

Los Estados Unidos representaban el modelo más perfecto de desarrollo capitalista. El equilibrio relativo de su aparentemente inagotable mercado interno aseguraba a los

Estados Unidos una decidida preponderancia técnica y económica sobre Europa. Pero su intervención en la Guerra Mundial fue en realidad la expresión de que su equilibrio interno ya se había alterado. Los cambios que la guerra produjo en la estructura estadounidense a su vez introdujeron en la esfera mundial una cuestión de vida o muerte para el capitalismo americano. Existe sobrada evidencia de que la cuestión ha de asumir formas sumamente dramáticas.

La ley de la productividad laboral reviste importancia decisiva para las interrelaciones entre América y Europa y, en términos generales, para determinar el futuro lugar que los Estados Unidos ocuparán en el mundo. El formato más elevado que los yanquis dieron a la ley de productividad laboral se llama producción por cinta transportadora, producción estándar, o producción en masa. Parecería que hubieran encontrado el punto de apoyo desde el cual la palanca de Arquímedes iba a mover el mundo. Pero el viejo planeta se rehúsa a moverse. Todos se defienden contra todos, protegiéndose tras un muro arancelario y un seto de bayonetas. Europa no compra bienes, no paga sus deudas, y además se arma. Con cinco míseras divisiones, un Japón muerto de hambre se apodera de todo un país. De pronto la tecnología más avanzada del mundo parece impotente frente a obstáculos cuya tecnología es muy inferior. La ley de la productividad laboral parece perder fuerza.

Es solo en apariencia, La ley básica de la historia de la humanidad inevitablemente se vengará de fenómenos derivados y secundarios. Tarde o temprano, el capitalismo americano debe abrirse caminos a lo ancho y a lo largo del planeta. ¿Con qué métodos? Con todos los métodos. Un elevado coeficiente de productividad denota también un alto coeficiente de capacidad de destrucción. ¿Acaso predico la guerra? De ninguna manera. No predico nada. Solo intento analizar la situación mundial y llegar a ciertas conclusiones a partir de las leyes de la mecánica económica.

No hay nada peor que el tipo de cobardía mental que da la espalda a los hechos y tendencias cuando estos contradicen los ideales o prejuicios.

Solo dentro del marco histórico del desarrollo mundial podemos asignar al fascismo el lugar que le corresponde. No contiene nada creativo, nada independiente. Su misión histórica consiste en reducir al absurdo la teoría y la práctica del impasse económico.

En su momento, el nacionalismo democrático guió a la humanidad hacia adelante. Inclusive ahora todavía puede jugar un papel progresista en los países coloniales de Oriente. Pero el decadente nacionalismo fascista, que prepara explosiones volcánicas y confrontaciones grandiosas en la arena del mundo, no trae más que ruina. A lo largo de los últimos veinticinco o treinta años, todas nuestras experiencias al respecto parecen solo una obertura idílica comparada con la música infernal que se acerca. Y ahora no se trata de una decadencia económica temporaria sino de la complete devastación económica y de la destrucción total de nuestra cultura, si ocurriera que la humanidad esforzada y pensante fuera incapaz de tomar a tiempo las riendas de sus propias fuerzas productivas y de organizarlas correctamente a escala europea y mundial.

LEON TROTSKY, líder de la Revolución de octubre de 1917; Commissar de Relaciones Exteriores, 1017-1918; Commissar de Guerra, 1919-1923.

l

Advertencias del Pasado

www.ingramcontent.com/pod-product-compliance
Lightning Source LLC
Chambersburg PA
CBHW021343290326
41933CB00037B/545